APRENDER PSICOLOGIA

MARIA LUIZA SILVEIRA TELES

APRENDER PSICOLOGIA

editora brasiliense

Copyright © by Maria Luiza Silveira Teles, 1989
Nenhuma parte desta publicação pode ser gravada,
armazenada em sistemas eletrônicos, fotocopiada,
reproduzida por meios mecânicos ou outros quaisquer
sem autorização prévia do editor.

Primeira edição, 1990
3ª edição,1994
2ª reimpressão, 2003

Preparação de originais: M. Fátima Mendonça Couto
Revisão: Carmem T. S. Costa
e José Joaquim Sobral
Capa: Edmundo França

Dados Internacionais de Catalogação na Publicação (CIP)
(Câmara Brasileira do Livro, SP, Brasil)

Teles, Maria Luiza Silveira
Aprender psicologia / Maria Luiza Silveira Teles.
— São Paulo : Brasiliense, 2003.

2ª reimpressão da 3. ed. de 1994.
Bibliografia.
ISBN 85-11-15042-0

1. Psicologia 2. Psicologia – Filosofia 3. Psicologia
– História I. Título.

03-0854   CDD-150

Índices para catálogo sistemático:
1. Psicologia   150

editora brasiliense
Rua Airi, 22 – Tatuapé – CEP 03310-010 – São Paulo – SP
Fone/Fax: (0xx11) 6198-1488
E-mail: brasilienseedit@uol.com.br
www.editorabrasiliense.com.br
livraria brasiliense
Rua Emília Marengo, 216 – Tatuapé
CEP 03336-000 – São Paulo – SP – Fone/Fax (0xx11) 6675-0188

Para José Geraldo Pimenta Teles (Dé)

Em vinte anos de encontros e desencontros, aprendi com você a lição maior do amor. Para você, amigo querido, pai de minha filha, a homenagem sincera desta aprendiz, que continua a jornada difícil e dolorosa do crescimento, iluminada pela saudosa lembrança de seu carinho e de seu eterno sorriso.

SUMÁRIO

PREFÁCIO 9

EXPLICANDO A PSICOLOGIA 11
O significado da palavra 11
Definindo a psicologia 12
O desenvolvimento da psicologia 13
O momento atual 16

TEMAS BÁSICOS 19
Emoção 19
Percepção 20
Motivação 21
Aprendizagem 23
Maturação 26
Personalidade 28
Conflito e ajustamento 30
Inteligência 32
Testes 33
Comportamento patológico 33
Desenvolvimento 36

TEORIAS 39
Noção de teoria 39
As primeiras teorias: as escolas psicológicas 40
Teorias tipológicas 50
Freud 52
Jung 56
Adler 61
Sullivan 63
Erich Fromm 67
Karen Horney 70

Abraham Maslow 73
Erik Erikson 76
Perls 81
Reich 86
Piaget 88
Rogers 91
Kurt Lewin 93
Skinner 96
Psicologia transpessoal 100

CONCLUSÃO 103

BIBLIOGRAFIA 105

PREFÁCIO

Costumeiramente, um livro sobre noções de psicologia define-a, discute-a como ciência, fala sobre seus objetivos, sua metodologia, sua história e descreve seus objetos de estudo.

Aqui, estamos fazendo uma abordagem um pouco diferente. Partimos do princípio de que, afinal de contas, a teoria governa a pesquisa, e os pressupostos básicos da psicologia, sobre os quais não há muito acordo, advêm dos diversos posicionamentos dos teóricos.

Assim, pensamos ser mais lógico não nos determos no conteúdo da psicologia propriamente dito, mas buscar fixar nossa atenção nas teorias contemporâneas. Claro que elas são muitas e extensas, e têm suas raízes no passado, e o objetivo do livro é ser sucinto. Desta forma, escolhemos apresentar apenas algumas que consideramos mais importantes.

A tarefa não é fácil, mas esperamos poder dar ao leitor uma noção ligeira, porém precisa, das idéias correntes e do "universo de comunicação" da psicologia atual, colocando-o a par de uma disciplina hoje tão difundida e discutida.

EXPLICANDO A PSICOLOGIA

O SIGNIFICADO DA PALAVRA

A palavra "psicologia" deriva de Psyche, figura mitológica grega, significando, ao mesmo tempo, "alma". Segundo Platão, a psiquê é a vida mental, interna do ser humano.

Antes da palavra "psicologia", foi usado o termo "pneumatologia", do grego *"pneumaton"* (vapor, respiração, espírito), para se designar a parte da filosofia que tratava da "essência e natureza da alma".

O primeiro, entretanto, que usou o termo foi provavelmente Melanchton, em 1550. Glöckel (ou Gocklenius), professor de lógica em Marburgo, empregou-a também como título de uma obra sua sobre perfeição moral, em 1590. Seu aluno Cassman utilizou o mesmo termo em seus escritos, compreendendo, porém, a psicologia como parte da antropologia.

De uma certa forma, contudo, podemos dizer que a palavra "psicologia" remonta realmente a Christian Wolff, discípulo de Leibniz, autor de uma psicologia empírica e uma racional.

Ela foi definitivamente adotada por Kant, que, na classificação das disciplinas empíricas sobre a natureza, requer sua exclusão definitiva da metafísica.

DEFININDO A PSICOLOGIA

Não existe ainda acordo sobre o objeto e, portanto, sobre a definição da psicologia. Uma coisa é certa: a psicologia de hoje, dentro de alguns anos, nos parecerá o mesmo que, atualmente, nos parece a alquimia.

Ela já foi o estudo da "alma", depois da "consciência", mais tarde da "mente", ainda recentemente do "comportamento", e hoje é tida por alguns como o estudo das "inter e intracomunicações".

A verdade é que não existe uma única psicologia. Ao contrário da matemática, física ou biologia, ela não é uma ciência unificada, mas antes uma coleção de fatos e opiniões cuja relevância para o bem-estar social depende das opiniões e dos fatos que se selecionam para fazer esta consideração. No entanto, apesar da dispersão, o modo de pensar psicológico é característico e, nos dias de hoje, espantosamente popular.

A psicologia foi, aos poucos, ocupando um lugar de destaque entre os fatores que influenciam o modo de pensar do homem ocidental. Penetrou na indústria, na organização de comunidades e até no campo das relações internacionais. Sua influência é sentida nas aplicações educacionais, onde se vê professores e administradores falarem a linguagem de Dewey, Thorndike, Rogers ou da psicanálise.

Estamos, sem dúvida, em uma nova era: a era das ciências sociais, e a psicologia, assim como suas congêneres, apesar de todas as críticas que lhe são feitas, tem conseguido grandes avanços na busca de uma nova compreensão da vida e desenvolvimento humano e novas maneiras de ajudar as pessoas na direção de maior realização pessoal.

Como viver adequadamente neste mundo cada vez mais complexo, alcançando maior satisfação e plenitude, parece ser o objetivo maior da nova psicologia.

A tarefa da psicologia, como uma ciência social, deve ser a de nos oferecer uma explicação mais clara e o mais completa possível sobre a natureza dos seres humanos como pessoas. E, se queremos atingir este objetivo, não podemos nos esquecer nunca de que os problemas do ser humano não se prestam sempre a serem estudados por um sistema fechado de pensamento, como os problemas das ciências físicas. O estudo da pessoa, que é, em princípio, o objeto da psicologia, só pode ser realizado de uma maneira séria e efetiva quando considerada a posição dessa pessoa na configuração geral das coisas.

Mas o que tem a psicologia estudado? De um modo geral, podemos dizer que ela tem se preocupado com: 1. o desenvolvimento, incluindo a maturação e a hereditariedade; 2. os órgãos do sentido; 3. o sistema nervoso, músculos e glândulas endócrinas; 4. a aprendizagem; 5. a percepção; 6. a motivação; 7. a emoção.

Com que finalidade? Geralmente, tentando compreender: a linguagem, o pensamento e a resolução de problemas; a inteligência, inclusive sua medida; a personalidade; o comportamento patológico e o comportamento de pessoas em grupo.

A psicologia objetiva usar este conhecimento para nos ajudar na compreensão de nós mesmos, na compreensão de pessoas com distúrbios de comportamento, assim como melhorar as técnicas de aprendizagem e resolução de problemas, as relações humanas e a eficiência no trabalho.

A psicologia é, sem dúvida, a nossa principal esperança de clarificar as aspirações do homem e de descobrir os meios de realizá-las.

É errado condená-la em bloco, como é falso aprová-la como um todo, pois a psicologia não é uma coisa unitária, não é uma ciência normativa, nem cumulativa, mas, antes, uma classificação de fatos, de pressuposições e de teorias, cujo valor para o bem-estar humano depende das teorias, pressupostos e fatos que foram selecionados para a investigação.

O DESENVOLVIMENTO DA PSICOLOGIA

Desde os idos de 1879, quando Wundt funda em Leipzig o primeiro laboratório de psicologia, pensando torná-la uma ciência experimental, desenvolvida dentro dos mais rigorosos métodos fisicalistas, ela tem percorrido um longo caminho, sendo que, até hoje, muitos não a aceitam como uma verdadeira ciência.

Desde então, pesquisas têm se desenvolvido aqui e ali, e principalmente teorias têm sido elaboradas, teorias estas que, na verdade, não passam de meras especulações, dependendo principalmente do enfoque que o pesquisador dá à sua pesquisa, ligado de maneira íntima à sua própria abordagem filosófica e posições ideológicas.

Já entre os gregos, que se preocupavam principalmente em explicar o universo, vamos notar uma linha de pesquisa voltada para aquilo que chamam de espírito ou alma, ou os fenômenos provocados pela contraparte imaterial do homem.

Pitágoras, Alcmeão de Crotona, Empédocles, Anaxágoras, Demócrito de Abdera, Diógenes de Apolônia, Hipócrates, os sofistas, Sócrates, Platão e Aristóteles foram os principais a tratar desta sorte de fenômenos.

Com o cristianismo, o estudo da alma tomou um rumo um pouco diverso, pois as preocupações estavam localizadas no pós-morte, no seu destino, e não propriamente nos fenômenos psíquicos. Assim mesmo, Santo Agostinho e Santo Tomás de Aquino se destacam como estudiosos que não deixaram de contribuir, de certa forma, para que a psicologia prosseguisse seu caminho.

A Renascença, com sua atenção voltada para o homem, o "aqui e o agora", foi uma época decisiva, que preparou para os estudos de ordem mais científica que viriam a desenvolver-se nos séculos posteriores.

O rompimento com a autoridade e a revelação e o estudo voltado para a pesquisa foram atitudes novas que prepararam o caminho para o método científico.

Nesta época destacam-se, especialmente para o estudo da psicologia educacional, Juan Luis Vives, Huarte de San Juan e Erasmo de Roterdam.

Do século XVII em diante, os estudos psicológicos, se assim o podemos dizer, tomam impulso com o racionalismo, o iluminismo e o empirismo. Também o desenvolvimento das ciências físicas e biológicas, que ocorreu a partir de então, foi fator fundamental para a evolução da psicologia.

Podemos considerar o associacionismo, movimento que congregava principalmente os empiristas ingleses, como o grande corte que separa a fase puramente filosófica da psicologia de outra de caráter mais científico.

Hartley, Hobbes, Berkeley, Condillac, James Mill, John Stuart Mill, Thomas Brown, Alexander Bain foram nomes de expressão nesta fase tão importante.

Outros pesquisadores e educadores que aparecem após o associacionismo também deram a sua relevante contribuição para que, pouco a pouco, a psicologia tomasse o seu rumo e se delineasse como ciência independente. Podemos citar alguns deles: Pestalozzi, Galton, Spencer, Darwin, Gall, Weber, Fechner e tantos outros.

Após o feito de Wundt em Leipzig, seus alunos se espalharam pela Europa e, principalmente, pelos Estados Unidos, continuando os estudos do mestre e introduzindo uma era de fermentação, discussão e dogmatismo, chamada a Era das Escolas.

Os principais movimentos que se destacam neste período são: o estruturalismo, o funcionalismo, o behaviorismo, o gestaltismo e a psicanálise.

Assim, entramos no século XX, com os pesquisadores formando grupos fechados e radicais em seus posicionamentos, que não passavam de meras hipóteses, mas que dirigiram os estudos dos cientistas posteriores.

Não nos cabe aqui entrar nos meandros da história da psicologia. Resumindo, porém, e tentando ordenar melhor os fatos, vamos lembrar que ela tem sido discutida em termos de cinco períodos:

1. As influências filosóficas primárias nos escritos dos gregos, principalmente Platão e Aristóteles, e, mais tarde, nos ensinamentos de Tomás de Aquino.

2. A psicologia começou a tomar forma com a Renascença. Bacon viu a conexão entre a teoria e a pesquisa. Descartes, um dualista na tradição de Platão, argumentou que as idéias eram inatas. Os empiristas britânicos negaram a

visão de Descartes das idéias inatas e afirmaram que o conhecimento advém da experiência. Os materialistas, dentre eles Helmholtz, estudaram as variáveis biológicas que afetam o homem. Fechner desenvolveu pesquisas para medir as sensações.
3. A psicologia emerge como ciência quando Wundt estabeleceu o primeiro laboratório em 1879. Os sistemas da psicologia floresceram então. A pesquisa de Pávlov e Thorndike determinou o estágio para a psicologia da aprendizagem.
4. A psicologia se afirmou com a pesquisa e os escritos dos teóricos da aprendizagem, de 1930 a 1940. As abordagens S-R e cognitiva desenvolveram-se.
5. A ciência da psicologia desenvolveu-se rapidamente desde o fim da Segunda Guerra Mundial. A revolução tecnológica e a invenção do computador tiveram e continuam a ter extraordinária influência sobre o desenvolvimento da psicologia.

O MOMENTO ATUAL

Depois de uma fase de puro "psicologismo", em que a psicologia era endeusada e tida como a ciência salvadora da humanidade, entramos em uma era em que ela passou a ser duramente criticada, por múltiplos motivos.

Em primeiro lugar, divergências profundas, dentro da própria área, vêm impedindo que ela se torne um corpo de conhecimentos organizado, em que as prioridades estejam esboçadas.

Em segundo lugar, ela não foi capaz de promover uma real melhoria na qualidade de vida das pessoas.

Em terceiro lugar, de uma certa forma, ela tem servido à classe dominante, pois, estabelecendo parâmetros ao redor dos valores dos grupos que têm o poder, reforça o fenômeno da passagem dos padrões de cima para baixo, dentro da hierarquia hegemônica das classes. Serve, também, apenas a essa classe privilegiada, pois seus serviços são caros e de longa duração.

Além disso, ao tentar explicar tudo dentro da visão estreita do psíquico, ela perde a verdadeira dimensão do homem, que é também ser biológico, histórico, social e cósmico. O homem se posiciona dentro do universo como um elemento inserido em uma teia complexa de fenômenos, e a sua natureza e a sua essência só poderão ser verdadeiramente compreendidas se não se perder de vista este ponto de partida.

De qualquer forma, parece que estamos vivendo, atualmente, uma fase de amadurecimento, e pouco a pouco a psicologia vai encontrando seu verdadeiro caminho.

Talvez, daqui por diante, redirecionando-se e recolocando o homem sua vida e sua essência como o centro de seus objetivos, a psicologia possa, de uma maneira mais concreta, prestar seus serviços à humanidade.

Sem postulados definidos, sem um consenso em sua metodologia e terminologia, baseada na parcialidade e unidimensionalidade das suas diversas teorias, que muitas vezes não passam de puras hipóteses e especulações, como já dissemos, a psicologia não pode ser considerada como uma verdadeira ciência.

A psicologia, pois, engatinha e encontra-se numa encruzilhada. Ou escolhemos um sistema fechado para orientar nossas pesquisas ou optamos por um sistema aberto.

Em um sistema fechado de pensamento, o importante sobre as pessoas não é sua essência, mas "seu funcionamento", como ela age e como consegue melhor desempenho, maior eficiência.

Já em um sistema aberto a pessoa e sua auto-realização são o centro de preocupação. A pessoa é vista dentro de uma totalidade, considerando toda a teia física, social, psicológica, econômica, política, histórica, cósmica, etc., que formam o próprio tecido da vida que vivemos neste mundo. Esta é uma visão holística do homem.

As teorias behavioristas e reflexologistas (S-R) se enquadram bem no primeiro sistema, enquanto as teorias humanistas (uma terceira força) se localizam no segundo sistema.

As teorias psicanalíticas seriam uma espécie de segunda força. Estão entre os dois sistemas e, sem dúvida, abriram o caminho para o segundo.

Nos últimos anos, esta nova abordagem da natureza humana (humanista), inclusive fortemente influenciada por teorias orientais, tem se tornado cada vez mais importante. Parece que, além da nossa disposição biológica inata para o crescimento e o desenvolvimento, cada indivíduo possui uma tendência para o desenvolvimento psicológico. Isto foi descrito por vários psicólogos como uma tendência à auto-realização, um impulso para a autocompreensão, uma necessidade de aprimorar sua consciência e competência — tudo isso a fim de obter mais alegria e satisfação da vida.

Assim, o movimento do potencial humano e as disciplinas orientais de crescimento vêm proliferando e se desenvolvendo: grupos de encontro, trabalhos com o corpo, meditação, técnicas espirituais e outros sistemas experienciais, cursos orientados para vivências, que dão ênfase ao desenvolvimento pessoal e à experiência emocional. Os adeptos do movimento comungam, em geral, uma crença humanista fundamental na capacidade do indivíduo para um crescimento orientado e positivo.

Como um desdobramento desta corrente humanística, uma quarta força tem se desenvolvido no campo da psicologia: é a psicologia transpessoal. A proposta da psicologia transpessoal é eminentemente permitir que do Homem Velho que agoniza e sofre possa renascer o Homem Novo, o Homem Sábio, o homem que consegue vivenciar a unidade cósmica, ao mesmo tempo que esta unidade está contida nele, percebendo que sempre há uma interdependência de todos os fatores, todas as coisas e seres do universo, rompendo com a conceituação da dualidade "eu e o outro", "eu e objeto".

Tentaremos, mais adiante, fazer um breve resumo das teorias mais importantes que compõem estas quatro forças e que, além de governarem as técnicas terapêuticas, têm, também, influenciado bastante a educação.

TEMAS BÁSICOS

EMOÇÃO

A emoção é uma forma de comportamento na qual as respostas viscerais condicionadas têm um papel preponderante. Diferente da motivação, nem sempre a emoção tem um objetivo definido. Freqüentemente, ela consiste em uma reação difusa e desorganizada a algum estímulo interno ou externo.

O comportamento emocional é determinado por um complexo jogo de predisposições hereditárias e condicionamentos.

As reações emocionais tendem a durar mais do que outras reações porque os músculos viscerais lisos, uma vez estimulados, são lentos em relaxar. Esta persistência pode estabelecer um estado emocional de longa duração, que continua depois que os estímulos já desapareceram. Este estado é chamado de humor. Embora este estado emocional seja persistente, não é tão intenso como a própria emoção. Já o temperamento é uma reação emocional constante, costumeira, que caracteriza uma pessoa.

As emoções básicas são: prazer, tristeza, raiva e medo. Entretanto, todas elas têm uma enorme escala de variação. Por exemplo, o prazer pode variar da satisfação ao êxtase, sendo que nesta escala estão incluídos o amor, a alegria, etc.; a tristeza pode variar do desapontamento ao desespero; o medo, da timidez ao terror; a raiva, do descontentamento ao ódio.

O desenvolvimento emocional é influenciado pela hereditariedade e pela aprendizagem. A constituição individual é um fator determinante na sensibilidade do sistema nervoso autônomo, no grau da resposta visceral e no padrão de difusão das reações viscerais. A maturação é importantíssima, também, neste ponto, pois antes que certas respostas emocionais possam aparecer, os órgãos do sentido devem estar maduros a um ponto em que possam perceber claramente os estímulos. Também os processos cerebrais devem estar maduros antes que possam experimentar certas nuances da emoção.

Os estímulos externos que causam as reações emocionais, o significado que damos a essas reações e a maneira pela qual nós as expressamos são resultado da aprendizagem.

PERCEPÇÃO

O homem ordena e dá significado às experiências que recebe através dos órgãos dos sentidos. A percepção é um processo organizacional, seletivo e interpretativo. É organizacional porque tendemos a perceber estímulos em padrões significativos mais do que como entidades separadas, sem relação. As propriedades externas dos próprios estímulos e os estados internos do perceptor contribuem para tal organização. É um processo seletivo, uma vez que percebemos, por causa de fatores externos e internos, somente alguns dos muitos estímulos em nosso ambiente. E a percepção é um processo interpretativo, pois são dados aos estímulos percebidos significado e valor.

A aprendizagem depende da percepção, pois esta haverá de guiar aquela, desde que respondemos aos estímulos tais quais os percebemos. Entretanto, também a percepção será influenciada por nossas aprendizagens anteriores. Assim, interpretaremos os estímulos de acordo com experiências já passadas, nossas crenças, atitudes, expectativas, etc.

Os psicólogos gestaltistas descobriram que a percepção é organizada de acordo com os seguintes princípios:

— *figura-fundo*: reconhecemos espécies de estímulos como figuras sobre um fundo. Por exemplo, uma música determinada (figura) é reconhecida sobre um fundo de outros sons. Algumas espécies de figuras-fundo são reversíveis, tanto podem aparecer ora como figura, ora como fundo.

— *contorno*: a percepção da figura-fundo depende do modo como o indivíduo percebe as curvas ou contornos que separam um objeto de seu fundo. O contorno dá limite à forma.

— *agrupamento*: tendemos a perceber como um grupo objetos que são semelhantes, estão próximos, arranjados simétrica e continuamente.

— *fechamento*: tendemos a perceber um objeto como completo, mesmo quando partes dele estão faltando.

Estudos motivacionais indicam que objetos-estímulos muito valorizados ou muito necessitados aparecerão maiores ao perceptor do que realmente o são. Um indivíduo pode ser motivado a perceber aqueles aspectos de uma situação que lhe darão aprovação social e evitar aqueles outros que são socialmente um tabu.

MOTIVAÇÃO

As necessidades produzem motivos que impelem o indivíduo à ação. Embora alguns motivos sejam inatos e outros adquiridos, a maneira pela qual respondemos a todos eles é modificada pela aprendizagem e influenciada pela cultura na qual vivemos.

O termo motivação é, pois, genérico e designa as necessidades, metas ou desejos que provocam a ação de um organismo.

O processo de motivação consiste no estágio motivacional, no qual o indivíduo é ativado a fim de satisfazer uma necessidade; o estágio comportamental, no qual a resposta é dada; e o estágio de redução da necessidade, no qual a resposta satisfaz.

Os aspectos ativadores e direcionais dos motivos afetam a aprendizagem, pois o motivo é condição para que a aprendizagem se estabeleça, e quanto maior o motivo (acima de um nível ótimo), mais respostas o organismo dará e mais ele aprenderá sobre seu ambiente.

Assim, pois, a motivação vai desde os estados de ativação difusos, carentes de direção, até expressões específicas de energia, dirigida a objetivos. Embora com freqüência usemos os termos "necessidade" ou "função" para designar toda a gama de forças motivadoras que afetam a conduta, certo número de teóricos prefere reservar o termo *motivo* para aqueles casos nos quais a atividade não somente se provoca, mas também é dirigida para um objetivo.

Há muitas classes de necessidades e de motivos que podem influir na conduta. Falando em termos mais concretos, há necessidades *inatas*, ou seja, *primárias*, como se costuma chamá-las, e *secundárias* ou *adquiridas*.

Entre as primeiras figura toda uma variedade de necessidades biológicas (comida, água, calor, oxigênio, evitar a dor, etc.) que o organismo tem que satisfazer para que sobreviva.

Uma necessidade se entende como um estado fisiológico interno do organismo e não um conjunto de respostas. É verdade que a natureza, às vezes, ajuda nisto ao proporcionar ao organismo uma resposta adequada a determinada necessidade. Assim, por exemplo, a resposta de sucção se provoca caracteristicamente quando se coloca um dedo na boca da criança. Sem dúvida, a criança *aprende* a mamar com mais eficácia à medida que vai praticando, e, mais tarde, aprende a beber de um copo e a comer com uma colher. Embora as necessidades, às vezes, levem a criança a buscar satisfação, tem-se que observar que, geralmente, o organismo deve aprender a resposta mais adequada para a satisfação da necessidade.

Mas a maioria das respostas dos seres humanos não é provocada por necessidades, ou carências básicas, mas por necessidades adquiridas, mais apropriadamente designadas por "motivos". Os motivos são desejos adquiridos de alguns objetivos. As crianças aprendem os motivos de poder, de qualificação, de dinheiro, de aprovação, etc. Estes desejos, ou motivos, fomentam a aprendizagem de determinadas condutas. As diferenças que se observam entre crianças pelo que toca à força e ao aparecimento de diversos motivos são, em parte, o resultado das diferenças nos sis-

temas de valores dos pais e dos amigos, e, por conseguinte, da conduta que recompensam.
Ao falar sobre motivação, não podemos deixar de fazer referência ao *incentivo*, que nada mais é que um reforço que adquiriu propriedades motivacionais, mesmo na ausência da necessidade.

APRENDIZAGEM

O processo de aprendizagem é básico na formação da pessoa humana. O homem tem uma capacidade ilimitada de aprender e aprende de várias formas: ensaio e erro, condicionamento, imitação, *insight* e raciocínio. Só dizemos que realmente ele aprendeu quando há uma mudança em seu comportamento, como resultado da experiência.

A aprendizagem depende de vários fatores, como a inteligência, motivação, maturação, percepção etc. As experiências têm revelado que a rapidez com que aprendemos uma determinada habilidade ou fragmento de algum material, a quantidade do que lembramos e a duração de tempo de tal retenção depende muitíssimo da maneira pela qual a habilidade e os dados são aprendidos e praticados (as técnicas), quanto significado tem para o aprendiz (motivação), e se ele recebe ou não *feedback* (retorno, conhecimento dos resultados) de seu progresso. Evidentemente, não podemos esquecer também o próprio potencial do indivíduo e do seu estado orgânico e emocional.

Como aumentar a eficiência da aprendizagem?

a) O feedback que informa ao aprendiz sobre seu progresso melhora a aprendizagem porque o torna capaz de ajustar sua performance e pode agir como uma forma de reforço positivo. Tal feedback pode ser diretamente observável pelo aprendiz, como na maioria dos esportes, ou pode ocorrer na forma de informação de segunda mão. Experiências de feedback retardado sugerem que a aprendizagem motora é mais dependente de um conhecimento imediato de resultados do que a aprendizagem verbal.

b) O ajuste da prática é um importante fator a considerar quando se discutem os métodos mais eficientes de estudo. A prática distribuída é geralmente superior à prática maciça na aprendizagem motora, na aprendizagem verbal seriada e na de pares associados, quando as respostas são tão semelhantes que podem interferir com cada outra. Também na prática distribuída, a extensão de cada período de prática e a posição e extensão dos períodos de repouso são igualmente considerações importantes.

c) Se a aprendizagem global ou por partes é mais efetiva, depende do tipo de tarefa, do indivíduo envolvido e da extensão do material a ser dominado. Material altamente significativo geralmente é mais bem aprendido por períodos distribuídos de prática de aprendizagem global. Se o material é longo, entretanto, ele deveria ser repartido em partes menores significativas. A memorização automática de tarefas simples e daquelas que não têm significação particular para o aprendiz é mais bem adquirida pelo método parcial. A aprendizagem parcial é também recomendada na aquisição de habilidades motoras e tarefas que constituem graus variados de dificuldade. Nestes casos, cada parte pode requerer uma quantidade de tempo diferente para ser dominada. A principal desvantagem do método parcial é que desde que todas as partes são aprendidas, toma um tempo extra juntá-las em um todo. Também a lembrança de uma parte pode interferir em uma outra. No estudo de assuntos escolares, a aprendizagem global é recomendada para a visão geral inicial do tema, com aprendizagem parcial para áreas de complexidade particular e integração dessas áreas em um todo como uma etapa final.

d) Três fatores adicionais que influenciam a razão de aprendizagem são: a significação, a quantidade do material e a espécie do material. Nós todos aprendemos mais depressa quando estamos mais interessados cu envolvidos no assunto em questão. Itens vividos ou distintos são aprendidos mais rapidamente porque estão menos sujeitos a interferência.

As experiências aprendidas podem transferir-se de modo tal que a aprendizagem passada influencie a presente. Assim, o que aprendemos em uma situação pode afetar outra situação. Esta transferência de treino é bastante importante para a aprendizagem. É, provavelmente, responsável pela nossa habilidade de reconhecer objetos, perceber relações e conceituar as experiências que encontramos pela vida. A enorme capacidade humana para o conhecimento pode bem depender do princípio da transferência. Um indivíduo não poderia aprender tudo o que aprende se um eficiente método de transferência não lhe permitisse progredir com sucesso de situação para situação, construindo sobre o que ele já conhece.

Dizemos que a transferência positiva ocorreu quando a aprendizagem de uma tarefa torna uma segunda mais fácil de ser aprendida. A transferência positiva ocorre usualmente quando as respostas requeridas das duas tarefas são semelhantes. Quando duas tarefas requerem a mesma resposta similar aos estímulos, mesmo que os estímulos sejam diferentes, a transferência positiva ocorre. A generalização do estímulo está envolvida. Quanto mais semelhantes forem as respostas requeridas, mais fortes serão os efeitos da transferência positiva.

Para predizer a direção da transferência (se positiva ou negativa) na situação de aprendizagem, devemos ser capazes de isolar os elementos e julgar se são os estímulos ou as respostas que se assemelham. Para a transparência positiva, como dissemos, as respostas devem ser similares. Na transferência negativa, os estímulos são similares, mas as respostas não o são. A transferência ocorre quando estímulos similares requerem respostas diferentes. A prévia associação entre estímulo e resposta interferirá com a aprendizagem da nova resposta.

Outra questão importante com relação à aprendizagem é o aspecto quantitativo da memória ou retenção, que é medida comparando-se o que é lembrado com o que foi originalmente aprendido. Os três métodos mais importantes de se medir a retenção são: a evocação, o reconhecimento e a reaprendizagem. A evocação compreende a lembrança sem ajuda de pistas extras; é a medida menos sensitiva, pois o sujeito deve reproduzir a aprendizagem original. O reconhecimento é mais fácil e é freqüentemente uma medida mais sensitiva de retenção do que a evocação. A reaprendizagem pode ser medida facilmente pelo método de economia, comparando-se o número original de tentativas necessárias para aprender uma tarefa com aquelas requeridas para reaprendê-las.

O material bem aprendido é mais bem lembrado. A aprendizagem intensa e a distribuição da prática, que permite tempo para as associações específicas se desenvolverem, melhoram a retenção.

Faz-se uma distinção entre memória a curto prazo e a longo prazo. Acreditam alguns que a memória a curto prazo é acumulada na forma de um traço de memória — um caminho hipotético no sistema nervoso, através do qual a informação é carregada. Esse traço aparece para desaparecer rapidamente, a menos que a informação seja usada imediatamente ou substituída por um acúmulo a longo prazo.

No estudo do esquecimento, uma ênfase considerável é dada às fontes de interferência que podem enfraquecer a memória do aprendiz com relação ao que aprendeu. A inibição retroativa ocorre quando a atividade interferente acontece depois da atividade aprendida. A inibição retroativa ocorre quando um indivíduo é incapaz de lembrar alguma coisa que aprendeu porque uma outra atividade, na qual esteve engajado previamente a esta nova situação de aprendizagem, está causando interferência.

A questão da aprendizagem foi mais bem estudada pelos behavioristas ou comportamentistas, cujas teorias estudaremos em outra parte da obra.

MATURAÇÃO

Maturação e aprendizagem estão intimamente ligadas. É praticamente impossível isolar a influência de um fator sobre o outro. Maturação significa o desenvolvimento do organismo como função do tempo ou idade. É o estágio de desenvolvimento estrutural necessário para o aparecimento de determinado comportamento. Uma função não pode se estabelecer sem que antes sua estrutura correspondente esteja completa. A maturação, pois, abrange todas as transformações neurofisiológicas e bioquímicas que se dão no organismo.

O nível de desenvolvimento apresentado por um indivíduo, em qualquer momento, resulta da maturação de suas potencialidades inatas e de todas as suas modificações através da pressão de influências ambientais (processo de aprendizagem). Assim, é impossível separar ou determinar a influência de um e de outro, pois, desde o momento da concepção, o organismo passa a sofrer influências ambientais e é obrigado, constantemente, a adaptar-se a novas situações. Assim, a formação de um indivíduo depende não apenas da direção apontada pelos gens, mas também das possibilidades e pressões apresentadas pelos fatores ambientais.

É difícil afirmar que no ser humano exista algum comportamento que seja apenas fruto da maturação (a não ser os processos orgânicos), pois, desde que uma estrutura se estabelece, imediatamente o desempenho de sua função é treinado dentro de circunstâncias ambientais. Mesmo fatores como a sexualidade, cuja manifestação completa se ligaria à maturação, são modificados pela aprendizagem ambiental.

Assim, comportamentos como o voar dos pássaros ou o nadar dos peixes praticamente não são encontrados no ser humano.

É importante lembrar, concluindo, que uma aprendizagem determinada não pode se dar sem que a maturação necessária tenha ocorrido antes. Assim, uma criança de sete anos, que ainda está na fase de operações concretas, e portanto não conseguiu ainda determinado nível de maturação, não pode aprender logaritmos ou equação de segundo grau, que exigem um tipo de pensamento que somente será desenvolvido na fase posterior.

As pesquisas (como as de Gesell) têm demonstrado que o treino, sem a maturação requerida para a função, de pouco ou nada vale.

PERSONALIDADE

A maneira de conceituar personalidade depende basicamente do tipo de abordagem a ser feita. Assim, ela poderá ser vista como uma variável interventora, como estímulo, como respostas, etc., dependendo de nosso posicionamento teórico.

Entretanto, procurando simplificar, podemos dizer que ela consiste em todas as características organizadas que definem um indivíduo. Estamos incluindo pois no conceito todas as percepções, motivações, traços, hábitos, condicionamentos, valores, padrões de comportamento, o temperamento, as crenças e expectativas do sujeito.

Parece-nos bastante conveniente lembrar o conceito de Allport: "A personalidade é a organização dinâmica, dentro do indivíduo, dos sistemas psicofísicos que determinam seus ajustamentos únicos ao ambiente". Esta sua definição nos mostra aspectos importantes da personalidade: é um *processo* de *ajustamento*, governado pelos nossos sistemas psicofísicos, é *organizada*, *dinâmica* e *única* e, como é interna, é algo *abstrato*, que não pode ser diretamente observável.

A personalidade é, antes de mais nada, um resultado da interação entre *hereditariedade* e *ambiente*. Um fornece ao outro tanto potencialidades como limites. E é da relação dialética entre ambos que surge a personalidade.

Mas o que nos fornece, realmente, a hereditariedade e o que nos fornece o ambiente?

A hereditariedade haverá de nos fornecer alguns comportamentos não aprendidos, como os reflexos e os impulsos; a constituição de nosso físico, que implica, principalmente, as nossas diferenças no sistema nervoso (número de neurônios, limiares de resposta) e no sistema endócrino, os dois importantes sistemas integradores de nossas respostas; o temperamento e as potencialidades próprias da espécie humana, como a capacidade de aprender e as capacidades intelectivas de um modo geral.

Já o ambiente nos fornecerá os estímulos e os modelos. Assim, dentro de um contexto social haverá de emergir a personalidade individual.

Quando o indivíduo nasce, é apenas um organismo biológico que encontra uma cultura já desenvolvida e bastante complexa, dentro da qual deverá integrar-se. Ele não dispõe de mecanismos inatos de respostas que o preparem para a sobrevivência — assim como os animais têm os instintos — em seu meio, que é, fundamentalmente, um meio social. Assim, deverá adquirir um repertório de respostas mediante a aprendizagem ambiental. E é através dessa aprendizagem que ele vai desenvolver hábitos, atitudes, percepções, motivações, traços, valores, filosofia de vida, crenças, expectativas, padrões de comportamento que determinarão não só a sua vida no grupo social (isto é, suas respostas externas), mas, inclusive, sua própria vida psíquica.

Assim, a aprendizagem se coloca como um dos fatores básicos para o desenvolvimento da personalidade. E, conseqüentemente, todos os outros princípios ligados a ela tomam relevância, como a homeostase, a motivação, a percepção e a maturação.

Evidentemente, em princípio, agimos em busca de homeostase: ela é, portanto, a base de todos os nossos comportamentos e, pois, o motor da personalidade. Ela proporciona um vínculo entre os níveis mais simples e os mais complexos da individualidade. Por isso, psicanalistas, behavioristas e fenomenologistas a mencionam como compatível com suas teorias da personalidade.

A motivação é a própria busca da homeostase, um comportamento já dirigido para determinado objetivo que possa restaurar o equilíbrio perdido. Embora existam as motivações naturais e inerentes à nossa própria natureza, esse é um processo que sofre influências e se modifica com a vida social.

A maturação, condição puramente orgânica, coloca-se como necessária (prontidão do organismo) para que as aquisições comportamentais se façam.

A percepção determina a resposta. Aliás, a formação da personalidade é um processo de aprendizagem para *perceber* como atrativos ou ameaçantes os objetos, pessoas e situações. Considera-se, geralmente, a personalidade como um termo que identifica um processo organizado, que inclui sistemas de *percepção* e de respostas determinantes da forma única de perceber de um indivíduo específico. Posto que a percepção determina a resposta, afirmamos que o processo de desenvolvimento da personalidade é, em grande parte, uma questão de aprendizagem perceptual. A homeostase influi sobre a percepção ao fazer com que o indivíduo chegue a identificar certos signos como sinais de objetos que restauram um equilíbrio valioso (com valência positiva) e a outros como sinais de perturbações iminentes do equilíbrio (com valência negativa).

CONFLITO E AJUSTAMENTO

Já deixamos bem claro que o processo de desenvolvimento da personalidade é um processo de ajustamento. Todos nós devemos atender a uma série de necessidades internas e, ao mesmo tempo, às imposições e limitações do ambiente, tanto social como físico. Assim, em suma, o objetivo de todo o nosso comportamento é a aquisição de um repertório de respostas que nos permitam harmonizar as duas tendências. Desenvolver personalidade será, em suma, desenvolver padrões de ajustamento.

O conflito será, portanto, uma constante em nossa vida. E sempre que encontramos a resposta que solucione um conflito, novo conflito aparecerá. Embora constitua, junto com a ansiedade, um dos principais fatores em qualquer forma de desvio de personalidade, o conflito é, entretanto, um componente significativo da personalidade normal.

É lógico que, havendo duas classes de valências (o objeto positivo e o objeto negativo), o indivíduo pode encontrar três tipos de situações conflitivas:

— a escolha entre duas valências positivas (conflito de acercamento-acercamento);

— a escolha entre duas valências negativas (conflito de afastamento-afastamento);

— a escolha entre uma valência positiva e uma valência negativa (acercamento-afastamento).

Freud também distinguia três tipos de conflitos: entre o indivíduo e o meio; entre o ego e o id e entre o ego e o superego.

A resolução dos conflitos consiste, exatamente, nas formas de ajustamento. O êxito nesta resolução leva o indivíduo ao conforto, à satisfação e à eficiência, e o seu malogro ao sofrimento e à doença mental.

Existem formas consideradas normais e desejáveis de se resolver o conflito, como o ataque direto à realidade, a substituição do objetivo, a compensação, etc., assim como formas perigosas, tais quais os mecanismos de defesa.

Freqüentemente, alguns obstáculos interferem na resolução dos conflitos, como o fracasso em reconhecer suas forças básicas subjacentes (inconscientes) e a própria tensão, irritabilidade, nervosismo, agressividade e protesto que costumam acompanhá-los.

À medida que a criança se desenvolve, encontra frustrações e ameaças que tendem a produzir agressão, ansiedade e tensão. Os conflitos entre as valências positivas e negativas elevam o nível da tensão e causam alterações fisiológicas difusas, assim como interferência com os processos psicológicos.

A intensidade da tensão é, em grande parte, função das intensidades das valências positivas e negativas. Pode-se descarregar, temporariamente, a tensão psicológica mediante catarse, mas esta não resolve o conflito. Os conflitos podem ser aliviados mediante defesa perceptual (negar-se a perceber toda a situação conflitiva ou parte dela), por racionalização, projeção, etc. Entretanto, as soluções, a largo prazo, dependem de se encontrarem formas socialmente aceitáveis, evitando as valências negativas ou substituindo a valência positiva por outra menos ativadora de ansiedade.

INTELIGÊNCIA

Embora saibamos, evidentemente, que a inteligência seja uma condição para a aprendizagem, principalmente para formas mais elevadas de aprendizagem, pouca concordância existe sobre a definição do que seja realmente inteligência.

Comumente, ela é tida como envolvendo capacidades tais como "a descoberta de relações", "lidar eficientemente com o ambiente", "solucionar problemas", "analisar, prever, julgar, deduzir". Gates define-a como "um composto ou organização de capacidades para aprender, para apreender, com vivacidade e precisão, fatos amplos e sutis, especialmente os abstratos, para exercer controle mental e apresentar flexibilidade e invenção, ao procurar solução para problemas".

O desenvolvimento mental se caracteriza por alguns aspectos do crescimento intelectual — aumento no uso da linguagem e de outros símbolos, na capacidade para lembrar, concentrar-se e raciocinar.

Para nós, não existe teoria mais clara e elaborada sobre o desenvolvimento mental do que a de Piaget, sobre a qual falaremos em outra parte do livro.

O crescimento mental tende a ser relativamente constante nos primeiros treze anos de vida; depois, permanece estático, e *eventualmente* atinge o ápice *talvez* por volta dos vinte e cinco anos; finalmente passa por um declínio gradual. É impossível decidir em que idade o crescimento mental atinge o ápice, pois a experiência é inseparável da inteligência, uma vez que a inteligência só pode ser medida indiretamente, através de tarefas que exigem comportamento inteligente.

O aspecto teórico da natureza da inteligência não é mais claro que o problema prático de sua mensuração. Embora o problema tenha sido muito estudado, obteve-se acordo relativamente pequeno. Os testes existem e estão aí para indicar o QI (quociente intelectual), que é a expressão do desempenho do indivíduo. Sua validade, porém, é bastante contestada.

Com relação também ao papel da hereditariedade e do ambiente na produção da inteligência e na determinação das diferenças observadas no QI das pessoas, muitas pesquisas têm sido feitas e muita polêmica tem-se criado. Pensamos que a posição mais equilibrada é a seguinte: a hereditariedade fornece-nos um potencial, que será trabalhado pelo ambiente, sendo o QI já o resultado da interação entre ambos. Assim, o desempenho intelectual real de uma pessoa jamais poderá ser medido em termos de apenas um fator, pois, desde o momento da concepção, o potencial genético passou a ser modificado pelas condições ambientais.

TESTES

Os psicólogos usam as técnicas de medida para uma coleção sistematizada de dados sobre as características de padrões comportamentais dos indivíduos e dos grupos. A estatística ajuda na descrição, análise e compreensão dos dados com uma maior precisão e objetividade do que se poderia obter de alguma outra forma. Capacita também aos psicólogos poderem comunicar suas descobertas de uma maneira entendida pelos cientistas sociais de todo o mundo.

Os testes psicológicos são usados para obter amostras do comportamento presente ou de atributos específicos dos indivíduos para diagnóstico, predição ou pesquisa. Eles são divididos em três grandes categorias: testes de aptidão, testes de inteligência e testes de personalidade. O método estatístico é empregado em todas as três categorias para analisar e interpretar os resultados.

COMPORTAMENTO PATOLÓGICO

A fronteira entre o normal e o anormal é extremamente tênue. E, além disso, o conceito de normalidade e anormalidade é bastante relativo. Entretanto, de um modo geral, aceita-se como anormalidade uma condição que impede o indivíduo de funcionar efetivamente em sua sociedade.

Os psicólogos pensam que ajustamentos pobres aos estímulos são evidências exteriores de possíveis anormalidades. Todos nós exibimos, ocasionalmente, estes comportamentos.

O homem tem sempre que encarar a frustração em algum nível de sua vida. E, muitas vezes, ele usa "mecanismos de defesa" para conseguir lidar com a frustração. É uma maneira de se proteger da realidade, às vezes por demais dolorosa. Todos nós lançamos mão desses mecanismos. Eles só são classificados como patológicos quando se tornam modos prioritários de ajustamento e provocam uma perda de contato com a realidade.

Os mecanismos de defesa, geralmente, podem ser classificados como: repressão, fantasia, regressão, racionalização, projeção, sublimação, formação de reação, compensação, etc.[1]

Para fins didáticos e de diagnóstico, o comportamento patológico costuma ser dividido em três grandes categorias: as neuroses, as psicoses e as sociopatias.

O termo neurose não se refere a patologias sérias. É apenas um termo usado para se referir a maus ajustamentos que são usualmente caracterizados por tentativas de se escapar da ansiedade ou de lidar com ela usando-se, de maneira exagerada, os mecanismos de defesa.

Costuma-se descrever quatro categorias gerais de neurose: a neurose de angústia, as obsessões e compulsões, as fobias e a histeria.[2]

O neurótico procura toda forma de lidar com o ambiente, enquanto o psicótico não está interessado nisso, buscando, antes, adaptar o mundo a si mesmo. Nisto talvez esteja a diferença capital entre a neurose e a psicose.

---

1 Não vamos defini-los porque isto não se ajusta ao objetivo de nosso trabalho. Seus conceitos deverão ser devidamente pesquisados.
2 *Idem*.

Louis P. Thorpe, Barney Katz e Robert Lewis [3] mostram as diferenças capitais entre os dois tipos de comportamento.

Paciente neurótico	Paciente psicótico
— está em contato com a realidade, mas algumas vezes é incapaz de fazê-lo;	— perde o contato com a realidade;
— não apresenta mudanças significativas na personalidade;	— pode apresentar mudanças marcantes na personalidade;
— os sintomas podem ser graves, mas o paciente não tem alucinações, nem delírios;	— pode apresentar alucinações e delírios;
— é orientado para o ambiente;	— pode ser desorientado quanto ao tempo, lugar e pessoas;
— freqüentemente compreende a natureza e as implicações de seu comportamento;	— freqüentemente não compreende a natureza de seu próprio comportamento;
— a psicoterapia e modificação do comportamento é o tratamento prescrito;	— drogas e terapias médicas são requeridas ao lado da psicoterapia;
— raramente requer internamento.	— usualmente requer internamento.

As psicoses costumam ser classificadas em duas categorias: a esquizofrenia (processo esquizofrênico ou esquizofrenia reativa) e a psicose maníaco-depressiva.[4]

As sociopatias são desordens comportamentais dirigidas contra o sistema social em que o indivíduo deve funcionar. São psicopatias (em que há quebra da consciência moral) o alcoolismo e o vício das drogas.

É bom lembrar que existem também as desordens comportamentais advindas de dano ao sistema nervoso central, como a psicose senil, a psicose alcoólica, etc.

Existem ainda as desordens psicossomáticas, que diferem da conversão somática, comum na histeria. Aqui, o dano orgânico é real, devido a tensão ou stress prolongados.

---

3 Louis P. Thorpe, Barney Katz e Robert Lewis, *The psychology of abnormal behavior — A dynamic approach*, 2ª edição, 1961, Ronald Press Company, Nova York.
4 Também não as explicaremos aqui pelo motivo já exposto.

As desordens psicossomáticas mais comuns são as úlceras, certas formas de pressão alta, enxaquecas, asma e alergias.

DESENVOLVIMENTO

Desenvolvimento compreende todas as transformações que sofre um organismo, desde o momento em que é concebido até a morte, no sentido de progresso e aquisição de capacidade mais amplos. Há uma ligeira diferença entre desenvolvimento e crescimento. O primeiro engloba o segundo, cujo sentido é mais restrito, compreendendo, principalmente, o aumento da massa corporal.

Dentro do processo de desenvolvimento, temos fatores bastante relevantes, tais quais a maturação, a aprendizagem, a hereditariedade e o ambiente, sobre os quais já temos nos referido.

É importante lembrar também que o desenvolvimento não se faz de maneira desordenada ou aleatória. Há princípios que lhe regem a seqüência, assim como um plano diretor que determina a sua direção. Além disso, os padrões de comportamento do organismo se modificam com a maturidade, e tanto o ritmo como o padrão de crescimento podem ser modificados por forças externas.

As grandes fases do desenvolvimento são: a fase pré-natal e a pós-natal. A primeira tem um período não-viável que vai até os 7 meses, e um período viável, após os 7 meses. O ser em desenvolvimento é, então, chamado de ovo até 15 dias, de embrião de 15 dias a 2 meses, e de feto daí por diante. Já a fase pós-natal subdivide-se em infância (primeira infância, de 0 a 3 anos; segunda infância, de 3 a 7 anos; terceira infância, de 7 a 12 anos) e adolescência, de 11/12 anos a 18/19 para as meninas, de 13/14 a 20/21 para os meninos. É claro que o desenvolvimento, como dissemos a princípio, só termina com a morte. Existem, pois, outras fases, como a juventude, a maturidade e a velhice. Entretanto, como ele se dá, de maneira mais intensa, nos primeiros anos, a preocupação maior da psicologia é com esta fase, o que não quer dizer que as outras sejam deixadas de lado.

Como foge aos objetivos de nossa obra, não vamos estudar as fases do desenvolvimento.

TEORIAS

NOÇÃO DE TEORIA

A psicologia é uma série de esquemas teóricos, cada qual com seu quadro conceitual próprio. Por isso, entendemos que a melhor maneira de compreendê-la é compreender as teorias que a compõem.

A teoria pode dirigir o psicólogo em sua escolha de questões. Serve também como uma maneira de organizar as observações em uma súmula de princípios básicos. Uma teoria sumariza o que temos observado e prediz relações que ainda não observamos. As teorias não são falsas nem verdadeiras; elas são úteis ou inúteis. Uma teoria útil é aquela que ajuda na compreensão do que temos observado e levanta novas questões e possibilidades.

O conceito mais comum é de que uma teoria existe em oposição a um fato. Na verdade, porém, uma teoria é uma hipótese não consubstanciada ou uma especulação a respeito da realidade que não é ainda definida, conhecida. Quando a teoria é confirmada, ela se torna um fato.

Uma teoria, pois, é um conjunto de convenções criadas pelo teórico. Ao tentar explicar os eventos em que está interessado, o teórico faz uma livre escolha quanto às espécies de evidências que focaliza e quanto aos fundamentos sobre os quais será julgado o seu valor.

O fato de uma teoria ser uma escolha convencional, e não algo inevitável ou prescrito por relações empíricas desconhecidas, acentua a falta de propriedade da verdade e da falsidade como atributos que devam ser associados a ela. Uma teoria, como já dissemos, é apenas "útil" ou "inútil", e essas qualidades são definidas conforme a eficiência dela em criar proposições sobre eventos relevantes que venham a ser comprovados.

AS PRIMEIRAS TEORIAS: AS ESCOLAS PSICOLÓGICAS

O estruturalismo

Edward Bradford Titchner é, nos Estados Unidos, o verdadeiro sucessor de Wundt, pois, adotando o sistema de seu mestre e continuando as experimentações por este praticadas, segue a mesma inspiração do laboratório de Leipzig e dissemina, na América do Norte, o experimentalismo alemão.

Titchner vai se ocupar em estudar os elementos dos estados da consciência, seus atributos e a maneira como se compõem os caracteres estruturais dos processos complexos. Baseia-se num estruturalismo puro, motivo pelo qual a escola que funda passa a ser chamada de estruturalista.

A mente, para ele, é a "soma total de processos mentais que ocorrem num dado momento", isto é, "experiências humanas" sujeitas a um sistema nervoso que pode ser descrito em termos de fatos observados.

A vida psíquica se constitui de átomos mentais distintos: a sensação (elemento de percepção), as imagens (elemento das idéias) e a afeição ou sentimento (elemento da emoção). Não são, porém, unidades estáticas, mas dinâmicas. Constituem um "mosaico em movimento", resultando da sua associação os estados psicológicos complexos.

A mente precisa voltar-se sobre si mesma, a fim de descobrir os seus elementos condicionados à estimulação dos órgãos sensoriais, motivo pelo qual só um método, para Titchner, pode existir em psicologia: a introspecção. A tarefa primária dos psicólogos é, portanto, analisar, pela introspecção, os elementos de que se constituem os processos complexos, isto é, estudar as sensações, imagens ou sentimentos, para compreensão das leis que os organizam. A cópia das sensações constitui as imagens. Unem-se as sensações ou imagens em virtude da associação de idéias, cuja lei básica é a da contigüidade temporal. Todo processo mental complexo contém, em sua essência, esses elementos assim associados.

O estruturalismo distingue os sentimentos das sensações e classifica-os em simples e complexos. Os sentimentos do agradável e do desagradável, opostos, constituem o primeiro tipo. São complexos os sentimentos excitantes ou depressivos, os estimuladores ou repousantes.

Nem todos os estruturalistas concordam com Titchner em que as emoções, as imagens e os sentimentos sejam elementos últimos da vida mental. Distinguem, ainda, os elementos do pensamento. Titchner, porém, não admite o pensamento sem imagens.

O estruturalismo acentua, ainda, os processos cognitivos: sensação, percepção, imaginação, atenção, associação.

Resumindo, o objeto da psicologia é, para o estruturalismo, o estudo do conteúdo da consciência, e só um método é considerado válido: a introspecção.

O estruturalismo vai provocar uma série de reações que abrirão caminho para o aparecimento de novas escolas psicológicas.

O funcionalismo

Alexander Bain, um dos primeiros psicólogos sistemáticos, foi quem introduziu a fisiologia na psicologia inglesa, estabelecendo, dessa forma, um laço entre o associacionismo e o experimentalismo. Pela direção dada às suas pesquisas podemos, sem medo de errar, considerá-lo como a verdadeira fonte da escola funcionalista. Foi sobretudo nele que William James, a grande figura pioneira do funcionalismo, buscou as idéias básicas, sobre as quais haveria de elaborar os alicerces de uma nova escola que ainda hoje mantém, de certa forma, influência sobre os estudos psicológicos e as teorias pedagógicas.

Não foi, porém, somente na psicologia empírica e associacionista inglesa, de que Bain é representante, que James buscou contribuições para seu sistema, mas também na racionalista escocesa, na psiquiátrica francesa e no experimentalismo alemão. Se lembrarmos ainda a época em que James viveu (1842-1910), haveremos de perceber que difícil seria para ele fugir à influência da doutrina de Darwin, tão em voga naquele tempo. Sem que haja, portanto, uma verdadeira compreensão do evolucionismo, com suas idéias de adaptação ao meio e sobrevivência do mais apto, não se poderá entender o rumo dado aos estudos e às noções funcionalistas.

John Dewey é quem vai desenvolver o germe do funcionalismo de James. Angell dá continuidade à corrente, e Carr a sistematiza, significando a expressão madura e organizada do funcionalismo de nossos dias. Não vamos entrar em detalhe sobre as idéias de cada um em particular, mas buscar uma sintetização do que possa exprimir a essência da escola.

O funcionalismo é, acima de tudo, uma oposição séria ao estruturalismo. É uma psicologia funcional, despojada de todo escrúpulo metafísico ou epistemológico e de inspiração inteiramente pragmática, bem de acordo com o espírito norte-americano.

A consciência de modo algum pode dividir-se em séries temporais, sendo um fluxo contínuo que não pode, absolutamente, ser estudado pela introspecção. A vida mental é unidade, experiência total. O indivíduo deve ser globalmente considerado. O que importa para a psicologia é o estudo dos processos mentais, sob o ponto de vista de sua utilidade biológica, isto é, como adaptação do organismo ao meio. Estes processos, portanto, interessam não como conteúdos, mas como operações. Importa, para os funcionalistas, investigar a maneira por que os processos mentais operam, o que realizam e sob que condições surgem. Trata-se, então, de indagar não somente o papel de determinado fenômeno, mas em que circunstância ocorre e que situação o engendra.

Os processos psicológicos são, segundo Carr, funções dos organismos vivos em adaptação ao meio, resultantes de estimulação externa (estímulo) e interna (motivo). Entre organismo e meio, assim como entre mente e corpo, não há solução de continuidade: o que há é um todo. A mente é, então, um órgão de adaptação, nada mais. O raciocínio ocorre para auxiliar a ação, por um processo de "ensaio e erro". O pensamento não é, portanto, puramente racional, pois que a inteligência baseia-se nas necessidades do organismo vivo. Claparède, outro psicólogo de inspiração funcionalista, define inteligência exatamente como "a capacidade de resolver problemas novos". Essa resolução, segundo ele, se dá por três etapas: causa, hipótese, verificação. É necessário perguntar: como, por que e para quê?

O funcionalismo preocupa-se de maneira íntima com a criança e o animal, como também volta suas atenções para o psiquismo do anormal, pois James preconizava que, para a compreensão do psiquismo normal, muito se tem a lucrar com o estudo dos anormais. O funcionalismo é, ainda, um impulso para a compreensão das diferenças individuais.

Temos, no Brasil, duas figuras funcionalistas de expressão: Lourenço Filho e Helena Antipoff.

O behaviorismo

No início do século, Pávlov (1849-1936), fisiologista e neurologista, ao estudar experimentalmente as funções digestivas do cão, teve a atenção voltada para o fenômeno, hoje bem conhecido, da "secreção psíquica". Das pesquisas realizadas nesse sentido resultou a noção de reflexo condicionado que se incorporou definitivamente à psicologia.

A experiência de Pávlov tornou-se clássica. Ele praticou num cão uma fístula salivar com um tubo ligado ao seu canal excretor. No momento em que fazia o animal ingerir uma substância sialogênica, produzia uma excitação concomitante (som de campainha, luz ou contato). Renovando, por muitas vezes, a experiência, Pávlov observou que a saliva saía do tubo somente com a percepção sensorial. Este, portanto, "condicionou" a reação independente do estímulo direto.

Alguns anos mais tarde, Bechterev fazia constatações análogas a propósito de quaisquer reações motoras e punha em relevo a importância dos "reflexos associados", processos idênticos aos reflexos condicionados. As pesquisas destes dois cientistas, e por outro lado o funcionalismo, com suas tendências organicistas e objetivas, preparam um campo mais amplo para a investigação psicológica e dão origem a uma nova escola psicológica, comandada por J. B. Watson: o behaviorismo.

John Broadus Watson (1878-1958), fisiologista e professor da Universidade de John Hopkins (Baltimore), onde dirigiu um laboratório de psicologia, rebelou-se contra todas as correntes psicológicas em voga até então, considerando-as anacrônicas. Para ele, a psicologia só poderá ser realmente científica se for deveras objetiva, liberta de qualquer cogitação relativa à consciência e à mente e de métodos introspectivos. A tarefa da psicologia seria, em última análise, determinar quais os estímulos a produzirem cada reação, e a que reações conduzem certos estímulos, pois, se a psicologia é o estudo do comportamento, conforme preconizava, e se o comportamento não se constitui senão de respostas dadas a estímulos externos e internos, outra não pode ser a sua preocupação.

Sua psicologia é, portanto, materialista, mecanicista e determinista, tentativa audaciosa que chamou a atenção de todo o mundo da ciência, suscitando discussão e controvérsias, mas gozando de um êxito imenso nos Estados Unidos, por limitar-se ao observável, ao controlável e ao mensurável.

Watson, dedicado à psicologia comparativa, desejava estudar o psiquismo humano dentro do mesmo contexto animal, empregando para isso os mesmos métodos. O homem, como animal que é, deveria ser estudado como os outros animais, objetivamente, e em relação com o mundo a que reage. Entre os métodos de estudo puramente objetivos, Watson aceita a observação controlada, testes, a medida do tempo de reação, os métodos da psicologia aplicada, o relatório verbal e a técnica do reflexo condicionado.

Em estudo com lactentes e criancinhas, Watson nega a existência dos instintos e fala em reflexos e formas congênitas do comportamento. Isto significa que, ao nascer, possuímos reações primárias, como reflexos pupilares, secreção salivar, reações corporais (como choro e grito) à picada, à queimadura ou à retirada de pontos de apoio ou ruído violento. As formas inatas de comportamento são três: a reação espontânea de medo, quando a criança é subitamente privada de um suporte ou surpreendida por um ruído violento; reação de cólera, que apareceria desde o décimo dia de vida, quando seus movimentos são impedidos; e reação "de amor", quando lhe fazemos cócegas, a embalamos, etc. As outras emoções do homem não são senão um condicionamento prematuro destas três reações emocionais inatas.

Os behavioristas puderam demonstrar que as crianças não tinham, originariamente, nenhuma reação de medo em presença de qualquer animal (rato, rã, coelho, cão, etc.) ou de objetos cobertos de pêlos ou penas, ou ainda diante de máscaras careteiras; nem em presença de fogo, que perturba apenas quando o calor é excessivo. Puderam observar, em compensação, que esses animais ou objetos tornam-se, muito rapidamente, sinais condicionados de medo, por associação a certos estímulos primários (ruídos violentos, perda de suporte), e que se pode, depois, descondicionar essas reações adquiridas de medo, substituindo-as por uma reação positiva, por exemplo, oferecendo balas e doces à criança e apresentando-lhe, de uma distância cada vez mais próxima, o animal ou objeto causador do medo.

Tomando para ponto de partida, pois, algumas reações admitidas como primitivas, todo o comportamento humano deve ser explicado pelo condicionamento.

A palavra é uma ação como as outras. Dizer é "fazer simbolicamente", e, portanto, comportar-se. As condições da vida social devem explicar a interiorização da linguagem, ou seja, do pensamento, encarado como comportamento de substituição que põe em jogo estímulos e respostas simbólicas. "Pensar é falar: falar para si e consigo". É sob a coerção social que a socialização da linguagem da criança progride até que desapareça o próprio movimento dos lábios: a verbalização se tornou interior.

Por tudo o que explanamos, parece ficar claro que, na realidade, como observa Murphy, os behavioristas apenas mudaram as associações do campo das idéias para o das reações musculares.

Se concordarmos com Watson e eliminarmos, portanto, a consciência do homem, e, pois, as sensações, as imagens, os pensamentos, as intenções, as volições, para tudo reduzir às reações do organismo em resposta a estímulos, parece-nos estar privando os atos humanos mais refletidos de toda significação e suprimindo, assim, como já disseram muitos, o campo da psicologia propriamente dita.

A psicologia dogmática de Watson e seus seguidores tem, entretanto, tomado rumos diferentes, e hoje, embora conservando os princípios básicos, toma uma feição inteiramente nova na mão dos neobehavioristas. Impossível negar o avanço que a psicologia tem ganhado com as experiências verdadeiramente concretas dos novos estudiosos desta linha, principalmente com a técnica de descondicionamento.

Clark Hull foi quem iniciou este movimento novo do behaviorismo, ao qual se liga também, de modo íntimo e particular, o grande nome de Skinner.

O gestaltismo

A *gestaltheorie*, ou psicologia da forma, aparece como uma reação original contra toda psicologia associacionista, no sentido que lhe é geralmente atribuído: o de estudar a vida psíquica sob o aspecto de uma combinação de elementos pretensamente simples que a constituiriam. Reage também contra o radicalismo mecanicista e objetivista do reflexologismo e do behaviorismo.

Partindo do estudo experimental da percepção, o gestaltismo deve seu princípio ao psicólogo de Viena Christian von Ehrenfels (1859-1932), autor de uma memória sobre "as qualidades da forma", de repercussão inicial insignificante e que remonta à mesma época em que o dr. Breuer, nessa mesma cidade, levava a Freud certos dados que desempenhariam relevante papel na gênese da psicanálise. Nesse estudo, Ehrenfels faz observações sobre a melodia, explicando-a como a relação das notas entre si, o que vai dar à música a sua "forma" particular, qualidade irredutível à enumeração das partes que a compõem. Com isto queria dizer que as partes não significam o todo. Uma totalidade, longe de ser a soma das partes que contém, condiciona, ao contrário, essas partes. Nesse sentido, uma parte numa totalidade é diferente dessa parte isolada ou inserida em outro contexto.

As verificações deste psicólogo vienense punham, assim, em destaque um princípio que iria orientar toda a investigação dos criadores do gestaltismo: de que a percepção é caracterizada pelo todo. O espírito humano não pode, portanto, ser considerado como um agregado de partes, ou como associação de elementos, mas sim como um conjunto de estruturas, de "formas", de sínteses indecomponíveis.

Wertheimer (1880-1943), considerado o fundador do gestaltismo, em 1910, ao fazer experimentações com o estroboscópio, começou a preocupar-se com a percepção visual do movimento, a que denominou de phi-fenômeno. Se duas linhas apresentadas instantaneamente, uma após a outra, produziam a percepção de uma linha em movimento, isto significava que teria havido na percepção alguma coisa mais do que o abrangido pela experiência sensorial. Levantou-se, assim, uma dúvida sobre os fundamentos do estruturalismo, psicologia corrente na Alemanha de então.

Wertheimer chega à conclusão de que a percepção não é soma de elementos; é experiência una, indivisível, contínua. O processo nervoso é interpretado, também, como atividade global, e não como soma de unidades descontínuas. Logo, percepção e processo nervoso são todos unificados e não agregação de partes ou elementos.

Podemos afirmar que William James, quando dizia que a consciência é um fluxo contínuo, já sugeria a concepção da configuração mental que caracteriza o gestaltismo. Segundo este princípio primordial, não há percepção de objetos. Aquilo que percebemos são todos unificados e segregados de um "fundo". Em nossas experiências, não só temos a tendência de "formar configurações", mas também de completar a situação externa, quando a configuração é incompleta (lei da pregnância ou fechamento). Qualquer experiência espacial ou temporal, de qualquer tipo, tende a assumir a melhor forma, de modo a tornar-se a configuração mais precisa e intensamente definida, mais completa, tomando o seu aspecto característico. A percepção é, pois, contínua e plástica. São variáveis as condições que determinam a formação do grupo nas situações externas: a proximidade temporal, propriedade do espaço envolvente, semelhança qualitativa dos membros. Podemos, então, concluir que as "gestalten perceptuais" são regidas por estes princípios:

1. relação figura-fundo: toda figura sobressai num fundo;
2. lei da pregnância ou fechamento: a nossa tendência nos arrasta a uma percepção equilibrada da figura;
3. princípio da proximidade: tendemos a perceber como um todo as coisas que estão próximas;
4. princípio de semelhança: percebemos de uma só vez os elementos semelhantes.

Assim, os gestaltistas querem ver configurações inclusive no reflexo, no instinto e no pensamento.

Köhler e Koffka são os continuadores dos estudos de Wertheimer, e, juntamente com este, merecem sem dúvida o título de fundadores da escola, pois as investigações que fizeram não só comprovam como completam e desenvolvem as inferências do phi-fenômeno.

Koffka estuda a percepção visual do movimento e o desenvolvimento mental, enquanto Köhler, em Tenerife, sob o patrocínio da Academia Prussiana de Ciências, faz experimentações com macacos superiores, no decorrer das quais verifica que os processos mentais desses animais se produzem por gestalten, revelando discernimento das situações-problemas. Köhler imagina uma escala completa de experimentos que revelaram aptidões muito desiguais entre os macacos; todos eles, entretanto, se mostraram mais ou menos capazes de resolver problemas que constituíam verdadeiros testes de inteligência prática, como, por exemplo, a utilização de um bastão para apoderar-se de frutos colocados fora de seu alcance. Um macaco que havia tentado inutilmente alcançar uma banana situada fora da grade conseguiu até extrair, de uma esteira de ferro, o fio com o qual atingiu a fruta cobiçada.

À luz da teoria gestaltista, Köhler assim interpretava tais fatos: uma súbita modificação no campo perceptivo do animal, motivado por uma tensão interior, transforma em "vetores" os elementos inicialmente neutros do ambiente; o objeto reveste, subitamente, em nova totalidade estruturada, a significação nova de instrumento para um fim. Diante de uma situação nova, portanto, os macacos executam uma série de reações do tipo "ensaio e erro", mas só atingem um resultado favorável, só alcançam êxito, quando a modificação no campo perceptivo os leva a compreender a situação (insight). O ato inteligente só se dá, então, quando há percepção total dos elementos, e o insight é uma das características do ato inteligente.

A gestaltheorie, de maneira geral, embebeu toda a psicologia contemporânea, notando-se os seus reflexos, inclusive, na pedagogia e na medicina.

Kurt Lewin (1890-1947) é o representante mais moderno do gestaltismo, tendo-lhe aberto novas perspectivas, pelo alargamento da noção de "campo".[5]

A psicanálise

Sigmund Freud é considerado o fundador da psicanálise, corrente psicológica que se fundamenta sobre a teoria do recalcamento, significando, também, método de exploração do psiquismo humano e terapêutica para certas neuroses.

As origens desta nova corrente, cujas descobertas, estudos e hipóteses tiveram influência profunda no desenvol-

---

[5] Falaremos sobre Kurt Lewin mais adiante.

vimento da psicologia, vamos encontrá-las, talvez, em filósofos do século XIX, que já afirmavam a primazia da vida instintiva, assim como em certos fisiologistas, neurologistas, psicólogos e médicos interessados nos fenômenos da histeria, hipnose e sugestão. Com as experiências feitas por estes estudiosos ficou claro que a vida psíquica ultrapassava singularmente o campo da consciência.

Sob a influência, principalmente, de Pierre Janet e Charcot, e orientado pelas observações de um neurologista vienense, o dr. Joseph Breuer, Freud constituiu sua doutrina, que iria abalar o mundo da ciência, revolucionando de maneira profunda o campo da psicologia, da psiquiatria e da pedagogia. Desde as suas descobertas, nada de importante foi feito em psicologia e psicoterapia, sem usá-las como norma diretiva da observação e do pensamento.

Como as teorias de Freud, seus discípulos Jung e Adler e seus seguidores mais modernos, da corrente culturalista, como Erich Fromm e Karen Horney, se revestem de uma importância toda especial, preferimos falar sobre eles separadamente, o que faremos mais adiante.

TEORIAS TIPOLÓGICAS

São chamadas teorias tipológicas aquelas que classificam os seres humanos em tipos determinados. Provavelmente a primeira teoria deste teor foi a de Hipócrates, que fez as classificações dos temperamentos humanos em quatro tipos: sanguíneo, colérico, melancólico e fleugmático. Modernamente, as mais conhecidas são as de Kretschmer e Sheldon.

Kretschmer

A base da teoria é a seguinte: a secreção das glândulas endócrinas e, em geral, os fenômenos químicos do corpo inteiro influem sobre a constituição somática e o psiquismo de cada indivíduo. Existe, por isso, uma relação muito íntima entre os tipos constitucionais e os tipos psicológicos.

Kretschmer classifica da seguinte forma os tipos de constituição:

— tipo leptossomático: volume pequeno do corpo em relação à estatura; alto, esbelto, peito relativamente estreito, pernas longas, faces alongadas e mãos e pés longos e finos; pescoço comprido, olhos sonhadores, pele pouco lisa; tendência para o envelhecimento precoce; andar vagaroso.

— tipo pícnico: estatura baixa, tendência à gordura, pernas, peito e ombros arredondados, mãos e pés curtos, pescoço curto, pele lisa e brilhante, olhos redondos e vivos, tendência à calvície, cabelos lisos.

— tipo atlético: bem-proporcionado, estatura de média para alta, pescoço quadrado, ombros largos, mãos e pés grandes e fortes, musculatura desenvolvida, estatura óssea bastante pesada.

— tipo displásico: estrutura física desproporcional, mistura incompatível de características tipológicas em seu desenvolvimento físico, obeso, eunucóide.

De acordo com estes tipos constitucionais, Kretschmer fazia a classificação dos temperamentos. O ciclotímico era sociável, amigo, vivo, prático e realista, cordial, adaptado à vida, confiante, dócil, sem rancor, com o psiquismo voltado para a realidade exterior. Corresponderia ao tipo pícnico. Já o esquizotímico seria calado, reservado, solitário, tímido, fechado, idealista, sonhador, abstrato, com o psiquismo voltado para a realidade interior. Corresponderia ao tipo leptossomático. O tipo atlético teria mais tendência a ser ciclotímico, e o displásico a ser esquizotímico. Entretanto, não existem tipos puros, e portanto o que se percebe, na realidade, são características mais acentuadas de um tipo ou outro.

Kretschmer falava ainda em subtipos: os ciclotímicos seriam hipomaníacos (pólo da alegria), deprimidos (pólo da tristeza) e sintônicos (equilíbrio), e os esquizotímicos seriam hiperestésicos (pólo da sensibilidade), intermediários (equilíbrio) e anestésicos (pólo da insensibilidade). O exagero das manifestações seria a patologia: da ciclotimia à psicose maníaco-depressiva e da esquizotimia à psicose esquizofrênica.

Sheldon

A base da teoria de Sheldon é a mesma da de Kretschmer. Ao fazer a classificação dos tipos de componentes somáticos, Sheldon levava em consideração as camadas embrionárias, afirmando que em cada indivíduo há a predominância de uma delas, isto é, da camada ectodérmica, mesodérmica ou endodérmica.

Na endomorfia predominam as formas arredondadas, macias; há um relativo superdesenvolvimento das vísceras digestivas. Na mesomorfia predomina o tecido ósseo, muscular, conjuntivo, vasos; físico pesado, firme, retangular. Na ectomorfia predominam as formas lineares e a fragilidade; em relação ao volume, o ectomorfo tem a maior exposição sensorial e o maior cérebro e sistema nervoso.

De acordo com estas idéias, pois, Sheldon classifica os temperamentos em: 1) viscerotônico, com tendência a enlanguescer, gosto pelo conforto físico, prazer em comer, sociabilidade; 2) somatotônico, com tendência à imposição, atividade enérgica, gosto pelo poder e riscos, coragem física; 3) cerebrotônico, com tendência ao retraimento, introversão, gosto pela solidão e isolamento, inibição.

A idade, o estado de nutrição, o comportamento de modo geral podem alterar a compleição física. Os psicólogos constitucionais argumentam que as características básicas da compleição são determinadas pela hereditariedade, e que as alterações ocasionadas pelas atividades do indivíduo são reduzidas.

FREUD

Sigmund Freud enfatizou que a personalidade humana é motivada por tensão causada por conflito. Deste modo, sua teoria enquadra-se nos princípios de redução de tensão. Também afirmava que nada acontece por acaso: tudo está determinado pela interação do organismo com o ambiente. No processo de interação, os conflitos podem surgir entre as necessidades fundamentais do organismo e as restrições do ambiente.

Os processos psicológicos podem ser conscientes, préconscientes e inconscientes. A consciência contém as idéias de que, aqui e agora, estamos ativamente cientes. As idéias pré-conscientes podem tornar-se conscientes se conquistarem a atenção ou se esta se voltar para elas. As idéias inconscientes são as ativamente reprimidas e impedidas de se tornarem pré-conscientes. Os processos mentais inconscientes desempenham papel importante no funcionamento psicológico, na saúde mental e na determinação do comportamento.

Para Freud, as estruturas básicas da personalidade humana são o id, o ego e o superego. O id é o termo usado para designar todos os impulsos não-civilizados, de tipo animal, que o indivíduo experimenta. São todos os impulsos biopsicológicos que estão presentes no nascimento. O id obedece ao princípio do prazer, isto é, procura obter o prazer e evitar o sofrimento. O id localiza-se na região inconsciente da mente. O ego é aprendido e obedece ao princípio da realidade, isto é, a redução da tensão pode ser postergada para uma liberação posterior mais plena. Freud explicava que o ego obedece ao princípio da realidade através do processo secundário. Com isto queria referir-se à elaboração que o indivíduo faz, por meio de sua inteligência, no sentido de um comportamento realístico. O processo secundário pode ser definido simplesmente como pensamento realístico. O ego se localiza, pois, na zona consciente da mente. O superego é formado, em parte, pelo que é popularmente conhecido como "consciência". São nossos conceitos do que é "certo" ou "errado", "bom" ou "mau". O superego tem de inibir os impulsos do id. Freud destacava que uma vez que o id "não conhece moralidade", quer dizer, é amoral, devia ser controlado. O sentimento do certo e errado que constitui parte do superego é aprendido através da experiência com outros indivíduos. O superego também representa nosso conceito do eu ideal. Este conceito é, algumas vezes, mencionado como "ideal do ego". O superego é, em parte, inconsciente e pré-consciente.

Freud dizia que o homem herda instintos de vida e instintos de morte. Ainda que muitos cientistas contemporâneos do comportamento assumam a posição de que o conceito de instinto é inaceitável para explicar o comportamento humano, precisamos entender o que Freud queria dizer com o termo para evitar confusões ao interpretar o significado da palavra instinto. A palavra alemã *"trieb"*, que Freud usou para descrever os dois motivos básicos, deveria provavelmente ser traduzida como "impulso" e não como instinto. Os chamados "instintos de vida" (Eros) e "instintos de morte" (Thanatos) são categorias dentro das quais nossos importantes motivos poderiam ser classificados.

Os instintos da vida incluem aquelas necessidades que se relacionam à sobrevivência do organismo; as tendências destrutivas do homem formariam o instinto da morte. Os instintos da vida derivam sua energia da libido, palavra usada para denotar toda a energia mental disponível no indivíduo. Freud acreditava que grande quantidade da energia libidinal é investida na necessidade sexual. O termo "sexo" é usado pela psicanálise freudiana em um sentido muito amplo. Aplica-se a várias formas de satisfação cutânea.

Para compreender como a energia libidinal influencia o crescimento da personalidade, devemos entender o termo *catexe*, utilizado por Freud. Catexe é o investimento de energia libidinal em uma idéia, recordação, objeto, pessoa ou atividade.

A criança pequena coloca grande parte de sua energia em si própria, como objeto de amor, porém, mais tarde, investe muito de sua energia libidinal em outra pessoa.

Algumas vezes nossas energias ficam fixadas em objetos amorosos infantis. Freud denomina isto de fixação. A energia dirigida ao próprio eu chama-se *narcisismo*, e quando ela é dirigida a objetos amorosos infantis, é *fixação*.

A energia também é usada pelo ego para impedir o id de agir impulsivamente. Este uso de energia é chamado de *anticatexe*.

Freud observou que os indivíduos têm uma espécie de "sistema de alarme" que os previne do perigo, quando certas idéias estão a ponto de alcançar expressão consciente. A isto chama-se ansiedade. Ansiedade é tensão que leva a perturbações fisiológicas (aumento das batidas cardíacas, aceleração do ritmo respiratório, etc.) e a sentimentos de medo e inadequação. Sentimentos de culpa inconscientes podem provocar ansiedade. Freud classificou a ansiedade em três tipos, conforme sua origem: ansiedade real, neurótica e moral.

A ansiedade real resulta da percepção antecipada de um perigo real. Ela é inata ou decorre de respostas aprendidas em certas situações. Há, porém, outra fonte de ansiedade: uma sensação de perigo que decorre dos instintos que procuram expressar-se. Esta é a ansiedade neurótica. É o medo provocado pela possibilidade de que a anticatexe não funcione.

Algumas vezes a ansiedade neurótica expressa-se em forma de fobia, que é um medo altamente persistente e irracional. O objeto temido pode, na realidade, ser desejado ou simbolizar alguma coisa desejada. A ameaça de que o desejo apareça causa o medo altamente persistente e irracional chamado "fobia".

Outro tipo de ansiedade é a moral, que decorre da censura do superego em relação ao comportamento manifesto ou latente do indivíduo.

Com relação ao desenvolvimento da personalidade, Freud acreditava que a maturação seria seu princípio básico, e que ela se daria em uma seqüência ordenada. À medida que a criança se desenvolve, seu ego se diferencia da personalidade global do recém-nascido, aprendendo a lidar com a realidade. Paralelamente a esse desenvolvimento de funcionamento cognitivo, a criança passa por estádios de desenvolvimento psicossexual (oral, anal, fálico, de latência e genital), à medida que a satisfação libidinosa muda da boca para o ânus e, depois, para os órgãos genitais. Os objetivos instintivos da criança mudam gradualmente, e, assim, muda também o impacto emocional de alguns acontecimentos socializadores — por exemplo, o desmame, o controle de fezes e urina, bem como do comportamento sexual da meninice. Cada um desses acontecimentos repercute psicologicamente, provocando frustração e satisfação, sendo acompanhados por padrões típicos de cólera, hostilidade, amor e satisfação.

O comportamento de quem cuida da criança e os acontecimentos específicos existentes na época dos principais estádios psicossexuais têm muita influência no desenvolvimento da personalidade.

Em conseqüência de cada estádio, certa quantidade de catexes libidinosas do indivíduo se fixa nessa fase; e assim, certos temores, atitudes, fantasias, defesas e expectativas se organizam de modo mais ou menos permanente na personalidade.

JUNG

Carl Gustav Jung nasceu em Kesswill, Suíça, e recebeu a maior parte da sua educação em Basiléia, um centro do movimento humanístico, onde Jakob Burkhardt escreveu seu famoso estudo sobre a Renascença e Bachofen publicou sua teoria do matriarcado. Em contraste com Freud, que foi primariamente influenciado pela filosofia científica, positivista e materialista de seu tempo, Jung cresceu dentro de uma tradição que constituiu uma reação ao movimento do Iluminismo.

Algumas das idéias de Jung podem ser buscadas bem atrás. Seu conceito de arquétipos é desmembrado da noção de Kant de formas universais de percepção *a priori*, assim como das idéias de Platão.

Embora geralmente se acredite que Jung e Adler começaram sua carreira em associação com Freud, contra quem se rebelaram depois, isso não é verdade. Ambos, Adler e Jung, formularam algumas de suas principais idéias antes de conhecerem Freud. Por essa época, Jung estava escrevendo sua tese médica, baseada em sessões mediúnicas e que tinham a ver com os chamados fenômenos ocultos. Um cuidadoso estudo desses posicionamentos iniciais de Jung mostram ali a maioria de suas idéias em forma embrionária. O movimento junguiano nunca foi um fenômeno de massa. Ele tendeu a atrair pessoas primariamente introvertidas, que fugiam do proselitismo como uma imposição. O próprio Jung relutou muito em consentir com o estabelecimento de um instituto designado a ensinar e difundir suas idéias.

Até alguns anos atrás, ele era praticamente ignorado nos Estados Unidos. A influência de Jung, entretanto, tem sido enorme, e recentemente houve um redespertar de suas idéias.

Sua teoria é muito profunda, e para não fugir aos objetivos da obra, daremos aqui apenas noções de suas idéias básicas.

Jung compartilha com Freud a suposição de que a racionalidade e a consciência não formam senão um aspecto da totalidade da experiência humana, e postula um outro domínio da psiquê, chamado de *inconsciente*.

Nenhum deles, entretanto, desejava depreciar a consciência; Jung via a consciência como um valor terminal a ser alcançado. Certamente, o esforço primário na vida e na análise é tornar-se mais consciente; é ganhar mais consciência. Mas, ao lado deste objetivo, deve existir o reconhecimento de que a consciência não é senão um pequeno barco no vasto mar da inconsciência. *Temos que encarar o desagradável fato de que não somos senhores de nós mesmos, mas dirigidos por forças e fontes de energia que operam sobre nós. Estas forças, Jung as via como destrutivas e criativas, mas especialmente perigosas se ignoradas. O inconsciente não é apenas a soma de tudo o que foi reprimido no curso do desenvolvimento, mas contém fontes de criatividade, direção e significado.*

Jung postula, em adição aos instintos usuais do sexo, agressão, fome e sede, um instinto para a individuação. Existe no interior de nós, acredita ele, uma força para a autonomia que nos empurra, persistentemente, para adquirir integridade, assim como a força fisiológica nos garante o desenvolvimento físico, a menos que encontre dificuldades ambientais fora do comum.

Qual é a linguagem de comunicação entre o consciente e o inconsciente? O inconsciente, insistia Jung, é inconsciente, e portanto não é diretamente disponível à consciência. A única comunicação que parece possível entre os dois é através do símbolo. Os símbolos tentam expressar alguma coisa essencialmente inexplicável, mas, apesar disso, postulada como existente. Conseqüentemente, o símbolo expressa sempre muito mais do que quaisquer das interpretações usuais.

Qual é a fonte de energia do inconsciente? Com base em profundas observações que envolviam muitos povos e culturas presentes e passados, Jung chegou à conclusão de que parte do inconsciente, que é um resultado direto da situação da vida particular de cada indivíduo, não representa senão uma pequena, embora importante, parte de uma totalidade muito mais ampla que ele chamou de *inconsciente coletivo*. A primeira parte é chamada *nível pessoal do inconsciente*, a segunda *nível impessoal* (ou transpessoal). O que é significativo aqui é que todos os seres humanos, do mais remoto passado até nossos dias e do futuro, compartilham as mesmas predisposições para o funcionamento psíquico, ou modelos de comportamento psíquico.

No inconsciente estão os arquétipos, princípios ordenadores *a priori*. Eles estão fora do alcance da consciência, mas em todos os tempos têm criado formas equivalentes de imagens, e podem ser indiretamente observados nos mitos, nas lendas e nos trabalhos de arte. Alguns dos motivos que aparecem são: transformação, morte e renascimento, a luta heróica, a mãe, a criança divina. Todos os arquétipos existem em nós todo o tempo como potencialidade; são as circunstâncias de nossa vida (nossa cultura particular, nossa família, nosso ambiente) que determinam de que maneira e quais os arquétipos que serão atualizados (isto é, que se tornarão operantes). Os arquétipos são verdadeiras baterias; a emergência de um arquétipo levanta, pois, uma enorme quantidade de energia. Assim, toda criatividade genuína é, por sua natureza, arquetípica. As mais arcaicas representações são usualmente ativadas quando a força da vida encontra uma poderosa obstrução, quer através de uma situação, como a morte de um ente querido, ou através de vários métodos de meditação.

O *ego* é o centro da consciência, o ser experiencial da pessoa. É a soma total de pensamentos, idéias, sentimentos, lembranças e percepções sensoriais.

A *persona* é o arquétipo de adaptação. A palavra, originalmente, significa a máscara do ator, mas não é usada aqui no sentido negativo. Nós necessitamos de um mediador entre nossa vida psíquica e o mundo de fora, assim como precisamos de uma pele para o mesmo propósito de nosso ser físico. Seria destrutivo se nos comportássemos da mesma maneira em qualquer situação, como um professor diante da turma, em uma festa, entre amigos íntimos e na cama; este, aliás, é o caso se não desenvolvemos uma persona viável.

A persona pode tornar-se rígida. Idealmente, ela é flexível, isto é, circunstâncias diferentes evocam em nós diferentes qualidades e aspectos que são adaptativos dentro do contexto dado. As pessoas freqüentemente confundem este fenômeno e o tomam como se fôssemos pessoas diferentes em diferentes lugares.

A *sombra* é nosso "outro lado", tudo aquilo que não gostaríamos de ser; é o lado compensatório de nosso ego consciente, como no caso do Dr. Jekyll e Mr. Hyde. *São todas aquelas coisas que nunca reconhecemos em nós próprios, mas que nos são particularmente alérgicas em outras pessoas*. Desde que a sombra é inconsciente, é experimentada como uma projeção nos outros. Projeção é o principal mecanismo da psiquê; tudo o que é inconsciente é projetado, e a projeção é reconhecida pela afetividade envolvida. Um encontro com a sombra é o *sine qua non* de toda análise, e é geralmente bastante doloroso. A aceitação da sombra é muito difícil de se conseguir, mas de importância vital.

Dois elementos centrais na filosofia chinesa são yin e yang. Yin representa o princípio feminino; é o mundo da natureza, da criação, da vida, a terra, o concreto, a receptividade, o escuro e reprimido, o coletivo e indiferenciado, o inconsciente. O yang é o oposto — o princípio masculino, a energia orientadora, o criativo e iniciação, a luz e o calor, a penetração, a estimulação, o ato de repartir, o princípio da separação e diferenciação, restrição e disciplina, agressão e entusiasmo, espírito e paraíso. Estes dois princípios não se opõem, mas se complementam.

Os seres humanos são, potencialmente, bissexuais, tanto biológica como psicologicamente. Durante nosso desenvolvimento, um lado vem a predominar sobre o outro, e o outro continua existindo como uma forma inferior. Portanto, os machos têm a preponderância do princípio yang em sua consciência, e as mulheres o yin. Os aspectos contra-sexuais coexistem no inconsciente; portanto, o macho tem um lado yin inconsciente, chamado *anima*, enquanto a mulher tem um aspecto yang inconsciente, chamado *animus*.

Animus e anima parecem operar como personalidades autônomas dentro de nós; eles existem "apesar" de nós. Podemos experienciá-los, mas não controlá-los. Eles são guias do inconsciente coletivo. Através de um encontro às vezes doloroso com eles, ganhamos algum conhecimento sobre eles, mas nunca um controle total.

O arquétipo do *self* é uma expressão da predisposição psíquica do homem para experienciar a totalidade, o eixo, o significado da vida. *O self é nosso deus dentro de nós — embora deva ser acrescentado que o fato empírico da existência psicológica de tal elemento não tenta afirmar ou negar a questão metafísica da existência ou não de um Deus fora de nós.*

Entramos em contato com o self quando nos deparamos com problemas de valores eternos, com paradoxos, com situações absurdas que não admitem soluções racionais; quando reconhecemos que a adaptação do ego não é o bastante e temos que nos render a uma autoridade maior, transcendente ao ego.

Ao nascimento, ego e self parecem uma coisa só; a primeira metade da vida é dedicada à sua separação. Mais tarde, o processo se reverte, pois a atitude do ego revela-se como incompleta e insuficiente, e a luta para a realização do self inicia-se.

O self é o objetivo, e o processo pelo qual este objetivo é conseguido chama-se individuação, separando a si próprio do coletivo e encontrando o próprio e único caminho. O self é simbolizado como o Velho Sábio, a figura de Cristo, Buda, a pedra filosofal.

ADLER

Alfred Adler, em sua psicologia, ressalta o desejo de afirmação do eu individual e o temor da inferioridade como impulsos primordiais de nossa vida e base de todos os conflitos. O senso de inferioridade que cada ser humano possui, a princípio, quando diante das forças que o rodeiam (na infância), determina a tendência fundamental da nossa vida: buscar uma superioridade que compense a deficiência.

Para o tratamento dos indivíduos é necessário que se lhes descubra o "estilo de vida", isto é, a direção em que se voltam para compensar suas deficiências e afirmar-se. Na determinação deste estilo de vida a constelação da família, isto é, a posição do indivíduo no sistema planetário doméstico, tem influência capital. A situação social é que se torna determinante na organização da personalidade humana, e são os hábitos nos primeiros contatos sociais na família que determinam o esquema de vida e a direção da sexualidade da criatura.

A terapêutica adleriana consiste, sobretudo, em levar o indivíduo a dominar o seu senso de inferioridade e a atingir a superioridade, de modo que possa ver, claramente, o que tenta fazer e o que teme ou evita.

Não há dúvida de que a psicologia de Adler foi bastante marcada pelas próprias dificuldades que viveu na infância, lutando tenazmente contra uma saúde bastante frágil. Entretanto, não podemos também negar que o fato de a criança ser frágil, diante de um mundo "poderoso", de forças para ela "misteriosas" e de um adulto que se impõe pelo próprio tamanho, deva deixar no âmago de nosso inconsciente uma sensação de impotência e inferioridade, diante da qual temos que lutar por toda a nossa vida.

Além da influência de suas próprias experiências, Adler foi fortemente marcado pela teoria evolucionista de Darwin. Um de seus principais conceitos, o da luta pela superioridade, é baseado na premissa de que a adaptação ao meio ambiente é o aspecto mais fundamental da vida.

Outra influência que vamos notar sobre Adler é a do grande filósofo Nietzsche, com a sua teoria da "vontade de poder".

Embora discordando do mestre Freud em muitos aspectos, não se pode negar também que Adler tenha sido profundamente influenciado pela teoria psicanalítica, em particular no que diz respeito à importância das relações mãe-filho, ao papel do desenvolvimento psicológico nos seis primeiros meses de vida, à interpretação dos sintomas neuróticos e à análise dos sonhos.

Como parte do estilo de vida, cada indivíduo desenvolve uma concepção de si mesmo e do mundo. É a maneira como ele se percebe e percebe o próprio mundo que é o *esquema de apercepção*. É o seu eu "fenomenal" e seu "espaço psicológico", em linguagem lewiniana. Apercepção é um termo psicológico que se refere à percepção que envolve uma interpretação subjetiva do que é percebido.

Adler mostrou que esta percepção que o indivíduo tem de si mesmo e do mundo vai marcar e determinar profundamente seu comportamento. O esquema de apercepção é geralmente auto-reforçador. Por exemplo, quando temos medo, é mais provável que percebamos sempre ameaças no mundo exterior, o que reforça a nossa crença de que ele é ameaçador.

Para Adler, o processo de formação de um objetivo de vida, estilo de vida e esquema de apercepção é essencialmente um ato criativo.

Adler atribui ao indivíduo unicidade, consciência e controle sobre seu destino, qualidades às quais, segundo ele, Freud, em sua concepção determinista da natureza humana, não dava grande importância.

Adler acreditava que todo comportamento humano é social pelo simples fato de que crescemos num meio social e somos socialmente formados. Temos, pois, tendência à cooperação, à fraternidade. Aliás, somente como membros efetivos de uma comunidade seremos capazes de superar nossas inferioridades reais ou nossos simples sentimentos de inferioridade.

O desvio desse comportamento, ou a ausência desse sentimento social, será a raiz de toda patologia psicológica.

O crescimento psicológico é principalmente uma questão de mover-se de uma atitude autocentrada e do objetivo de superioridade pessoal para uma atitude social de interesse e cooperação.

As três maiores tarefas com que o indivíduo se defronta são: trabalho, amizade e amor. Esses três problemas estão sempre inter-relacionados.

Os obstáculos com que o indivíduo pode se defrontar em seu processo de crescimento psicológico são: a inferioridade orgânica, a superproteção e a rejeição. Estas situações na infância tendem a resultar em isolamento, falta de interesse social e desenvolvimento de um estilo não-cooperativo, baseado no objetivo irreal de superioridade pessoal.

SULLIVAN

A teoria de Sullivan é chamada de "teoria interpessoal da psiquiatria".

Ele vê a personalidade como um padrão relativamente constante de situações interpessoais periódicas que caracterizam a vida humana. A situação interpessoal não pode ser isolada da personalidade porque esta se constitui de ocorrências interpessoais e não intrapsíquicas; ela é o centro dinâmico de vários processos que ocorrem em esferas diversas de relações interpessoais.

Veremos sumariamente o sentido destes processos e algumas outras questões da teoria de Sullivan.

— *Dinamismos*: O dinamismo é uma forma relativamente constante de transformação de energia que periodicamente caracteriza o organismo como ser vivo. Uma transformação de energia é qualquer forma de comportamento, seja em contato com os outros, seja no isolamento da fantasia e do pensamento. Qualquer reação habitual em relação a uma ou mais pessoas, seja em forma de sentimento, atitude ou ação objetiva, constitui um dinamismo. Todas as pessoas possuem os mesmos dinamismos básicos, mas o modo de expressão de um dinamismo varia de acordo com a situação e a experiência de cada um. O dinamismo entra em contato com o meio por intermédio das zonas do corpo.

— *Sistema do self*: Para evitar ou reduzir a ansiedade potencial, a criança adota várias medidas de proteção e controle de comportamento. Essas medidas de segurança formam o sistema do self, que sanciona certas formas de comportamento (o self bom) e proíbe outras (o self mau).

— *Personificações*: são a imagem que o indivíduo tem de si mesmo ou de outra pessoa. É um complexo de sentimentos, atitudes e concepções que procedem de experiências relacionadas com a satisfação de necessidades e com a ansiedade. As personificações partilhadas por um grupo são chamadas *estereótipos*.

— *Processos cognitivos*: A experiência ocorre de três modos: prototáxico, paratáxico e sintáxico.

A experiência prototáxica é formada de séries distintas de estados momentâneos do organismo. São sensações básicas, imagens e sentimentos que fluem através da mente de um ser sensível. Não existem necessariamente conexões entre elas, como também elas não possuem significado para as pessoas que as experimentam.

O modo paratáxico consiste em perceber a relação causal entre acontecimentos que ocorrem quase ao mesmo tempo, mas que não são logicamente relacionados.

Já o modo sintáxico é a ação de um símbolo, validado pelo consenso comum. Produz ordem lógica entre as experiências e habilita as pessoas a se comunicarem entre si.

— *Dinâmica da personalidade*: A personalidade é um sistema de energia cujo principal trabalho consiste em atividades que visam à redução de tensão. A energia transforma-se pelo comportamento (ações musculares ou atividades mentais). A finalidade é aliviar a tensão.

Com relação ao desenvolvimento da personalidade, Sullivan subordina os fatores biológicos aos determinantes sociais. Como Freud, ele vê o desenvolvimento através de estágios definidos: infância, meninice, idade juvenil, pré-adolescência, adolescência anterior e adolescência posterior. A hereditariedade e a maturação proporcionam o substrato biológico necessário ao desenvolvimento.

Diferentemente de Freud, Sullivan não acredita que a personalidade seja desenvolvida na infância, mas que é constantemente alterada e refinada como um resultado das interações sociais que ocorrem em toda a vida.

— *Tensão*: O organismo é um sistema de tensão que, teoricamente, pode oscilar entre o relaxamento absoluto (ou euforia) e a tensão absoluta, exemplificada pelo terror. Existem duas fontes principais de tensão: 1. tensões que resultam das necessidades do organismo; 2. tensões que resultam da ansiedade.

As necessidades apresentam-se em forma hierarquizada. As da parte inferior da escala devem ser satisfeitas em primeiro lugar, sendo as da parte superior acomodadas. A redução das necessidades é sempre uma experiência satisfatória. A frustração prolongada da satisfação de necessidades cria um sentimento de apatia que, por sua vez, vai produzir baixa das tensões.

A ansiedade é a experiência de tensão que resulta das ameaças imaginárias ou reais à segurança da pessoa. Ela reduz, em grande parte, a eficiência da pessoa na satisfação de suas necessidades, perturba as relações interpessoais e produz confusão no pensamento.

Uma das tarefas da psicologia é descobrir nas relações interpessoais os pontos vulneráveis à ansiedade, em vez de tentar remover os sintomas da ansiedade.

Sullivan não acredita que os instintos sejam fontes importantes de motivação, nem aceita a teoria freudiana da libido. Os modos de comportamento de uma pessoa resultam de seus contatos com outras e não de imperativos inatos.

Para Sullivan, a comunicação com as pessoas se dará no nível simbólico. Quando não há linguagem, comunicação verbal, é difícil expressar, descrever os conhecimentos que, de alguma forma, existem (principalmente em termos de experiência).

Os dois limites ideais (extremos) de experiência, aos quais o indivíduo nunca chega realmente, são: a euforia e a ansiedade. Isso leva a dois objetivos: a satisfação da necessidade e a satisfação da segurança. Esta necessidade de segurança advém da insegurança total do recém-nascido (a necessidade que ele tem do outro para sobreviver).

O self vai se formar a partir do desenvolvimento, como resultado deste processo que vai desde o nascimento até a idade adulta.

À medida que, na experiência com o outro, o indivíduo tenta reduzir a tensão, a atitude do outro diante da tentativa da sua redução de tensão vai criar uma outra atitude no sujeito, que ele vai incorporar ao seu self.

O homem tem uma série de necessidades e uma rede de comportamentos que poderão satisfazê-las: este circuito funcional se dará de acordo com a aprovação ou rejeição dos outros, e isto será o self.

Toda a teoria de Sullivan é montada a partir de um evolucionismo.

A necessidade surge de um desequilíbrio físico-químico e necessita de um comportamento específico para a volta ao equilíbrio. A necessidade da criança produz na mãe uma tensão que é chamada de ternura, cujo objetivo é reduzir a tensão da criança. Esta ternura da mãe vai gerar na criança outra tensão que é a necessidade de ternura, que, por sua vez, vai gerar todo tipo de comportamento para conseguir a ternura. Agora, estamos já no campo interpessoal, e não mais no físico-químico. Esta alternância da necessidade com a realização da necessidade é uma experiência prototáxica.

As transformações de energia podem ser abertas ou ocultas, isto é, o indivíduo pode ter ou não consciência destas transformações.

— *Relação terapêutica*: O indivíduo tende a repetir numa situação específica uma série de esquemas anteriores: nisto consiste a transferência. O terapeuta também faz transferência (contratransferência).

No início, a relação terapêutica é assimétrica, e deve caminhar para a simetria; isto só se dá quando o cliente se coloca como pessoa e vê o terapeuta também como pessoa (recorta a figura do terapeuta).

Só há realmente diálogo terapêutico quando o cliente é capaz de compreender a transferência e a contratransferência (presume-se que o terapeuta já seja capaz disso). A transferência nunca pode deixar de existir. Também *não existe a possibilidade de se chegar ao reprimido primário; portanto, sempre continuam a aparecer os reprimidos secundários.*

O terapeuta tem que mostrar os seus limites, ele não é um espelho, mas uma pessoa. Se ele não é capaz de colocar-se assim, o cliente continua a idealizá-lo, assim como fez com o pai, a mãe, etc.

O psiquiatra é um operador dentro da entrevista, um observador participante. O conhecimento do paciente é um resultado direto do contato com o paciente, do contato interpessoal, da ação do campo. O conhecimento do alter é decorrência da ação do terapeuta dentro do campo.

ERICH FROMM

Erich Fromm foi, provavelmente, um dos maiores humanistas deste século. Fortemente influenciado pela teoria psicanalítica, mas colocando-se dentro da corrente culturalista (que dá ênfase aos fatores culturais no desenvolvimento da personalidade), ele mostrou em suas obras uma grande tristeza pelo rumo que a nossa civilização vem tomando.

Ele acreditava que há um "projeto-homem" a ser desenvolvido, cujo potencial é infinito na direção construtiva e de fraternidade. Sua teoria está centrada no isolamento do homem. Ele mostrou que toda forma de sociedade, quer seja o feudalismo, capitalismo, fascismo, socialismo ou comunismo, representa uma tentativa de solucionar a contradição básica do homem: a consciência de ser só, separado, indivíduo, e a necessidade do outro para completar-se. As necessidades específicas que se originam das condições da existência humana são cinco: necessidade de relacionamento, de transcendência, de segurança, de identidade e de orientação.

A necessidade de relacionamento origina-se do fato de que, ao tornar-se homem, o ser humano rompe suas ligações animais primárias com a natureza. Em lugar dessas ligações instintivas com a natureza, o homem criou suas relações sociais, sendo as mais satisfatórias as que se baseiam no amor produtivo.

Fromm vê nossa sociedade, principalmente a sociedade capitalista, como profundamente doente, porque, dentro de seu sistema competitivo, o homem é desviado de seu verdadeiro caminho, o caminho da evolução, criando-se uma aberração que é chamada o "homem moderno", ansioso por consumo, prazer, sucesso, sexo, poder, cada vez mais frio e impessoal em seus relacionamentos, incapaz de um contato verdadeiro, profundo e real consigo mesmo e com seu semelhante. Este homem, produto de uma sociedade doente, é tido por todos como "normal", sendo que, na verdade, segundo ele, não passa de um autêntico "neurótico". Já, muitas vezes, aquele que é tido pela sociedade como "neurótico" não é senão uma pessoa que não abre mão de sua individualidade, luta contra a massificação e a repressão e procura tenazmente "salvar-se", em direção a um crescimento psicológico verdadeiro. Na sociedade, pois, um defeito pode ser socialmente configurado, gerando assim a "patologia da normalidade". Um defeito é socialmente configurado quando ele é comum a quase todas as pessoas de uma sociedade.

Existem, para Fromm, duas espécies de autoridade: a racional e a irracional. A racional é baseada na competência da pessoa investida de autoridade. A irracional é baseada no poder que a autoridade tem sobre aqueles que lhe são sujeitos, gerando temor e medo.

Na nossa cultura predomina a autoridade irracional. A criança se submete à autoridade por medo e pressão. Aí começa um processo de expressão que leva fatalmente à neurose. As pessoas funcionam, em nossa sociedade, visando primariamente à preservação da própria sociedade, ao preço de abrir mão de sua própria vontade, originalidade e espontaneidade.

A educação entre nós visa não apenas ao desenvolvimento das potencialidades de uma criança, mas também tem por função reduzir a sua independência e liberdade ao nível necessário para a existência da sociedade.

A criança luta contra a autoridade representada por seus pais, visando à sua liberdade e ao direito de ser ela própria. As cicatrizes deixadas nesta luta contra a autoridade irracional podem ser encontradas no fundo de todas as neuroses. A criança é levada a sentir culpa em relação até às suas mais básicas funções, e esta culpa serve para quebrar-lhe a vontade e para impeli-la à submissão.

Hoje, comumente encontramos uma pessoa e ficamos sabendo que ela age e sente como um autômato; que jamais experimenta qualquer coisa que seja realmente sua; que se sente a si mesma, inteiramente, como a pessoa que julga que deve ser; que os sorrisos substituem o riso; o falar sem sentido substituiu a fala comunicativa; o desespero obscuro tomou o lugar da dor legítima. Sobre esta pessoa, duas afirmações se podem fazer. Uma é que sofre de um defeito de espontaneidade e individualidade, que pode parecer incurável. Ao mesmo tempo, pode-se dizer que não difere essencialmente de milhares de outras que estão nas mesmas condições.

É assemelhando-se aos demais que o indivíduo é "protegido" da neurose, livrando-se de um sentimento de profunda inadaptação e isolamento. Em algumas pessoas, o modelo cultural não funciona, e o defeito aparece sob a forma de severa neurose.

As origens da neurose estão profundamente ligadas às origens do defeito culturalmente configurado; ao problema da patologia da normalidade.

Concluindo, a teoria de Fromm sobre a personalidade é baseada na necessidade de o homem moderno escapar da liberdade, ou melhor, da solidão e do isolamento que a liberdade implica. Para isso, ele deve ganhar um lugar na ordem social. Entretanto, Fromm sente que a ordem social presente é inadequada para atender às cinco necessidades básicas do homem de relacionamento, identificação, orientação, transcendência e criação de raízes (segurança). Ele afirma que somente em um mundo onde os homens cooperem para criar uma sociedade sadia, todas as necessidades do homem poderão ser satisfeitas. Socialismo comunitário humanista seria o nome desta sociedade em que cada um teria a oportunidade de tornar-se homem plenamente.

KAREN HORNEY

Horney discorda do pensamento freudiano em sua orientação mecanicista e biológica, no conceito de inveja do pênis e na natureza da agressividade e do complexo de Édipo, assim como nos conceitos de repetição compulsiva, id, ego, superego, ansiedade e masoquismo.

O conceito fundamental da teoria de Horney é a *ansiedade básica*, que é produzida por tudo o que perturbe a segurança da criança em relação a seus pais.

Necessidades neuróticas são as soluções irracionais de que o indivíduo lança mão para seus problemas de adaptação ao meio. As necessidades neuróticas são: 1. de afeto e aprovação; 2. de um parceiro do qual se possa depender; 3. de limitar a vida a círculos restritos; 4. de poder; 5. de explorar os outros; 6. de prestígio; 7. de admissão pessoal; 8. de realização pessoal; 9. de auto-suficiência; 10. de independência; 11. de perfeição.[6]

Posteriormente, Horney classifica essas onze necessidades em três movimentos: 1. da pessoa em direção aos

---

6 Algumas destas necessidades estão presentes em todos nós: é a compulsão que as torna neuróticas.

outros, como por exemplo a necessidade de amor (a pessoa boazinha); 2. da pessoa para longe dos outros, como, por exemplo, a necessidade de independência (a pessoa indiferente); 3. da pessoa contra os outros, como, por exemplo, a necessidade de poder (a pessoa agressiva).

Uma pessoa normal pode solucionar seus conflitos interiores através da integração das três orientações.

Na infância estão as experiências mais marcantes que vão moldar a personalidade do indivíduo. Para que os conflitos sejam evitados é necessário que a criança seja educada em um ambiente onde exista segurança, confiança, amor, respeito, tolerância e afeto.

Ela caracteriza o neurótico pelos seguintes sinais:
— ele é diferente do indivíduo comum em suas reações;
— há um desvio da conduta tida como normal em sua cultura;
— há rigidez de reações;
— há discrepância entre potencialidades e realizações;
— apresenta medos e defesas que se afastam, quantitativa ou qualitativamente, dos peculiares aos padrões culturais;
— os conflitos são mais intensos e acentuados.

Como Horney coloca a "ansiedade básica" como o cerne da neurose, é necessário que compreendamos um pouco o que ela diz a respeito desta ansiedade.

Em primeiro lugar, a ansiedade é diferente do medo, pois é a reação a um perigo oculto e subjetivo. Seus elementos são: o sentimento de inutilidade, a irracionalidade, a advertência de desarranjo.

Para escapar à ansiedade, os indivíduos costumam lançar mão:
— da racionalização;
— da negação, que provoca os concomitantes físicos do medo: suor, taquicardia, falta de ar, arrepios, diarréia, vontade de urinar, vômitos, desassossego;
— da narcotização: bebidas e drogas, engolfar-se no trabalho, nas atividades sociais ou sexuais, no sono;

— de fenômenos de inibição: evitar situações, pensamentos e sentimentos que possam despertar a ansiedade, como, por exemplo, não falar de doença ou morte.

Mas o que *causa* realmente a ansiedade?

— qualquer impulso cuja satisfação signifique uma violação de outros interesses ou necessidades vitais e desde que seja imperioso e veemente;

— impulsos hostis, que são a principal fonte de que promana a ansiedade neurótica;

— possibilidades de manifestação da hostilidade.

O ambiente infantil provocador de neuroses se caracteriza pela falta de autêntico calor humano e afeição, por atitude de pais que despertam a hostilidade (como preferência por outros filhos), repreensões injustas, etc., e pelos próprios pais neuróticos.

Os sentimentos de culpa parecem exercer papel importante no quadro das neuroses. O sentimento de culpa é a expressão da ansiedade ou de defesa contra ela, é um efeito do medo de reprovação e defesa contra esse medo. Os sentimentos de culpa se manifestam através de auto-acusações, do medo de ser desmascarado ou censurado e da necessidade de sofrimento.

O indivíduo tem medo da reprovação porque há uma discrepância entre a "fachada" que o neurótico apresenta para si e para os outros e as tendências recalcadas que jazem por trás da fachada. Ele quer esconder quão fraco, inseguro e inerme se sente.

As maneiras que o neurótico encontra de fugir à reprovação são:

— a auto-recriminação;
— conduta perfeita;
— refúgio na ignorância, na doença e na incapacidade;
— fazer-se de vítima.

Karen Horney chama a atenção para as dificuldades típicas inerentes à nossa cultura e que se refletem como conflitos na vida de todo indivíduo, podendo, quando acumuladas, suscitar a formação de neuroses.

Estas dificuldades são:

a) A cultura ocidental moderna baseia-se no princípio da competição individual. Resultado: tensão difusa da hostilidade entre os indivíduos, provocando dificuldades de relacionamento e medos constantes (da hostilidade dos outros e da retaliação).

b) Nossa cultura valoriza o sucesso, o que leva ao medo do fracasso, que significa insegurança econômica, perda de prestígio, frustrações emocionais e subestimação.

c) A cultura é cheia de situações contraditórias, como, por exemplo, incentiva a competição e o sucesso e prega o amor fraternal e a humildade (ideais cristãos); incentiva as nossas necessidades e aumenta as nossas frustrações ao tentar satisfazê-las; alega a liberdade do indivíduo, que é freado por uma série de limitações reais.

Tudo isso, de acordo com ela, configura uma "personalidade neurótica do nosso tempo".

ABRAHAM MASLOW

A teoria de Maslow da auto-realização é baseada mais no seu estudo de indivíduos saudáveis emocionalmente do que em indivíduos perturbados. Maslow acredita que cada pessoa se desenvolve de acordo com uma hierarquia de necessidades. O indivíduo deve primeiro satisfazer suas necessidades físicas básicas de alimentação, segurança e conforto; depois, suas necessidades psicológicas de afeição e estima; e, finalmente, sua necessidade de realização. Incluídas na lista de Maslow que descreve a pessoa realizada estão a espontaneidade, independência, envolvimento social, aceitação do eu, senso de humor e carência de hostilidade. As pessoas realizadas têm, também, momentos profundos de satisfação, de intenso envolvimento emocional, percepções enriquecidas do ambiente e uma compreensão profunda do significado da vida.

Maslow pode ser considerado um dos fundadores da teoria humanista. Forneceu considerável incentivo teórico e prático para os fundamentos de uma alternativa para o behaviorismo e a psicanálise, correntes estas que tendem a ignorar ou deixar de explicar a criatividade, o amor, o altruísmo e os outros grandes feitos culturais, sociais e individuais da humanidade.

Maslow estava interessado principalmente em explorar novas saídas, novos pensamentos, opiniões e hipóteses, do que um sistema teórico plenamente desenvolvido.

Em seu livro *The farther reaches of human nature* (1971), Maslow descreve os modos pelos quais os indivíduos se auto-atualizam:

1. Em primeiro lugar, auto-realização (ou atualização) significa experienciar de modo pleno, intenso e desinteressado, com plena concentração e total absorção. Em geral, estamos relativamente alheios ao que acontece dentro de nós e ao nosso redor. Entretanto, todos nós já tivemos sentimentos de exaltada consciência e intenso interesse, momentos que Maslow chama de auto-atualizadores.

2. Se pensarmos na vida como um processo de escolhas, então a auto-atualização significa fazer de cada escolha uma opção para o crescimento. Muitas vezes temos que escolher entre o crescimento e a segurança, entre progredir e regredir. Toda escolha tem seus aspectos positivos e negativos. Preferir a segurança significa optar pelo conhecido e pelo familiar, mas também significa arriscar tornar-se inútil e velho. Escolher o crescimento é abrir-se para experiências novas e desafiadoras, mas arriscar o novo e o desconhecido.

3. Atualizar é tornar verdadeiro, existir de fato e não somente em potencial. E, para Maslow, o self é o âmago ou a natureza essencial do indivíduo, incluindo o temperamento da pessoa, seus gostos e valores únicos. Assim, auto-atualizar é aprender a sintonizar-se com sua própria natureza íntima. Isto significa decidir sozinho se gosta de determinadas comidas ou de determinado filme, independentemente das idéias ou opiniões dos outros.

4. A honestidade e o assumir a responsabilidade de seus próprios atos são elementos essenciais na auto-atualização. Ao invés de "posar" e dar respostas calculadas para agradar a outras pessoas ou dar a impressão de sermos

bons, Maslow pensa que as respostas devem ser procuradas em nós mesmos. Toda vez que fazemos isto entramos em contato com o nosso íntimo.

5. Os primeiros quatro passos ajudam-nos a desenvolver a capacidade de "melhores escolhas" de vida. Aprendemos a confiar em nosso próprio julgamento e em nossas próprias intenções e a agir em termos deles. Maslow acredita que isto leva a melhores decisões sobre o que está constitucionalmente certo para cada pessoa — decisões sobre arte, música, alimentação, assim como escolhas de vida mais importantes, tais como um marido ou esposa e uma profissão.

6. Auto-atualização é, também, um processo contínuo de desenvolvimento das próprias potencialidades. Isto significa usar sua inteligência e habilidades e "trabalhar para fazer bem aquilo que queremos fazer". Um grande talento ou inteligência não é o mesmo que auto-atualização; muitas pessoas dotadas não conseguem usar plenamente suas capacidades; outras, talvez com talentos apenas médios, realizam uma extraordinária quantidade de coisas. Auto-atualização não é uma "coisa" que alguém tem ou não tem. É um processo jamais findo, similar ao caminho budista para a iluminação. Refere-se a um modo contínuo de viver, trabalhar e relacionar-se com o mundo e não a uma simples realização.

7. "Experiências culminantes são momentos transitórios de auto-atualização." Durante momentos culminantes, estamos mais inteiros, mais integrados e mais conscientes de nós mesmos e do mundo. Em tais momentos, pensamos, agimos e sentimos mais clara e acuradamente. Amamos e aceitamos mais os outros, estamos mais felizes, mais livres de conflitos interiores e ansiedade e mais capazes de usar nossas energias de modo construtivo.

8. *Um passo além na auto-realização é reconhecer as próprias defesas e então trabalhar para abandoná-las. Precisamos nos tornar mais conscientes das maneiras pelas quais distorcemos nossa auto-imagem e a do mundo exterior através da repressão, projeção e outros mecanismos de defesa.*

O processo de auto-atualização pode ser limitado por: influências negativas de experiências passadas e de hábitos resultantes que nos mantêm presos a comportamentos improdutivos; influência social e pressão de grupo que muitas vezes operam contra nossa própria preferência e opinião, e defesas internas que nos mantêm fora de contato conosco mesmos.

Maslow pode ser considerado um dos precursores da psicologia transpessoal da qual falamos mais adiante. Em seu prefácio à segunda edição de *Introdução à psicologia do ser*, ele observa: "Devo dizer que considero a psicologia humanista, ou terceira força em psicologia, apenas transitória, uma preparação para uma quarta psicologia, ainda 'mais elevada', transpessoal, trans-humana, centrada mais no cosmo do que nas necessidades e interesses humanos, indo além de humanismo, da identidade, da individuação e quejandos... Necessitamos de algo 'maior do que somos', que seja respeitado por nós próprios e a que nos entreguemos num novo sentido naturalista, empírico, não-eclesiástico, talvez como Thoreau e Whitman, William James e John Dewey fizeram".

ERIK ERIKSON

Erikson alterou e alargou a teoria psicossexual de Freud acerca do desenvolvimento, incluindo conflitos relacionados ao ajustamento social. Ele define oito estágios na vida do indivíduo em nossa sociedade: confiança x desconfiança, autonomia x dúvida, iniciativa x culpa — todos centrados nas relações da criança com os pais e familiares; indústria x inferioridade, centrado nas relações com professores, colegas e amigos; identidade x confusão de papéis — concernentes com as relações do adolescente com seus pares e os modelos de comportamento do adulto; intimidade x isolamento, centrado nos problemas da idade adulta jovem; produtividade x absorção do eu — concernente aos conflitos da idade adulta; e integridade x desespero, concernente aos problemas da velhice.

É na primeira fase da vida (a fase oral) que o indivíduo adquire a confiança básica, que Erikson considera a pedra angular de uma personalidade. "Sentimento de confiança básica consiste numa atitude genérica, em relação ao eu e ao mundo, derivada das experiências do primeiro ano de vida."[7] Deste sentimento de confiança depende, pois, uma identidade estável do ego. É nesta fase, também, que o indivíduo aprende as atitudes de "adquirir" (e com esta a de "dar") e a de "tomar" ou "segurar". É bom lembrar que atitudes significam configurações mentais, disposições para, a fim de que o leitor iniciante compreenda as repercussões de cada uma dessas aquisições na estrutura psicológica da criança.

Uma perda drástica do habitual amor materno, sem uma substituição adequada, nesta fase, pode redundar numa aguda depressão infantil ou num estado moderado, mas crônico, de pesar que talvez dê um matiz depressivo ao resto da vida do indivíduo.

Um estabelecimento firme e durável, portanto, da confiança básica é a primeira tarefa do ego, sendo, antes de tudo, uma tarefa para o cuidado materno.

O significado global da segunda fase (anal) reside no rápido avanço da maturação muscular, da verbalização e da discriminação, com a aptidão conseqüente — e a duplamente sentida inaptidão — para coordenar um certo número de padrões de ação altamente conflitantes, caracterizados pelas tendências de "agüentar" e "soltar". Desta e de muitas outras maneiras, a criança, ainda muito dependente, começa a experimentar sua vontade autônoma. Toda esta fase se converte, pois, numa batalha pela autonomia. Pois, enquanto se prepara para manter-se ereta, apoiando-se mais firmemente nos próprios pés, a criança também aprende a delinear seu mundo como "eu" e "tu" e "meu" e "a mim".

Esta fase é decisiva para a proporção entre a boa vontade amorosa e auto-insistência odiosa, entre cooperação e teimosia refratária, entre expressão pessoal e comedimento

---

[7] Erik Erikson, *Identidade, juventude e crise*, cap. 3, p. 96.

impulsivo ou dócil complacência. Um sentimento de autodomínio, sem perda de amor-próprio, é a fonte ontogenética de um sentimento de livre-arbítrio. De um inevitável sentimento de perda de autodomínio e de um supercontrole parental resulta uma duradoura propensão para a dúvida e a vergonha.

A terceira fase (fálica) é particularmente importante na determinação da sexualidade futura do indivíduo: como ele haverá de aceitá-la (incluindo o seu papel masculino ou feminino) e vivenciá-la.

No fim desta fase, a criança deverá ter adquirido um sentimento de iniciativa, que implica a consciência do que ela pode agora fazer e do que será capaz de fazer. "O grande governador da iniciativa é a consciência. A criança sente agora não só medo de ser descoberta, mas escuta também a 'voz interior' da auto-observação, da auto-orientação e da autopunição, que a divide radicalmente em seu próprio íntimo, uma nova e poderosa alienação. Esta é a base ontogenética da moralidade. Mas, do ponto de vista da vitalidade humana, devemos sublinhar que se essa grande realização for sobrecarregada por adultos excessivamente ansiosos, ela poderá ser má para o espírito e a própria moralidade",[8] instalando a culpa.

Na quarta fase (a de latência), a criança desenvolve o sentimento de que não só é capaz de fazer alguma coisa, como de fazê-la bem e perfeitamente. A isto Erikson deu o nome de indústria (sentimento de). Agora a criança aplica a empreendimentos concretos e metas aprovadas os impulsos que antes a faziam sonhar, jogar e sofrer.

"O perigo desta fase é o desenvolvimento de uma alienação de si mesma e de suas tarefas — o tão conhecido sentimento de inferioridade. Este pode ser causado por uma solução insuficiente do conflito precedente; a criança poderá querer ainda mais a sua mamãe do que conhecimentos; poderá preferir ainda ser bebê em casa a ser menino crescido na escola; e ainda se compara com seu pai, despertando tal comparação um sentimento de culpa, assim

---

8 Id. ibid, cap. 3, p. 119.

como um sentimento de inferioridade. A vida familiar pode não tê-la preparado para a vida escolar, ou a vida escolar talvez não tenha logrado sustentar as promessas das fases anteriores, à medida que nada do que aprendeu a fazer bem até aí parece contar para seus colegas ou seu professor. É neste ponto que a sociedade maior se torna significativa para a criança, ao admiti-la em papéis preparatórios para a realidade da tecnologia e da economia. Entretanto, quando ela descobre imediatamente que a cor de sua pele ou os antecedentes da família, mais do que o seu desejo e vontade de aprender, são os fatores que decidem o seu valor como aluno ou aprendiz, a propensão humana para sentir-se imprestável pode ser fatalmente agravada como determinante do desenvolvimento do caráter."[9]

A quinta fase (genital) corresponde à adolescência. A conquista básica que o indivíduo deverá ter alcançado até o fim do período é o "sentimento de identidade", e o perigo principal da fase é exatamente a "confusão de identidade".

Os jovens se mostram excessivamente preocupados com o que possam parecer aos olhos dos outros, em comparação com o que eles próprios julgam ser e com a questão de como associar os papéis e aptidões cultivados anteriormente aos protótipos ideais do presente. Eles procuram fervorosamente homens e idéias em que possam ter fé, e, paradoxalmente, expressam sua necessidade de fé numa desconfiança sonora e cínica.

O adolescente procura agora uma oportunidade de decidir, com livre assentimento, sobre um dos rumos acessíveis ou inevitáveis de dever e serviço; e, ao mesmo tempo, tem um medo mortal de ser forçado a atividades em que se sinta exposto ao ridículo e à dúvida sobre si próprio. Também isto pode levar a um paradoxo, a saber, que ele preferiria agir despudoramente aos olhos dos mais velhos, por sua livre escolha, do que ser obrigado a atividades que seriam vergonhosas a seus próprios olhos ou de seus pares.

A escolha de uma profissão assume agora um significado que excede a questão de remuneração e *status*.

9 Id. ibid., cap. 3, pp. 124/125.

Como já dissemos, o perigo desta etapa é a confusão de papel. Quando esta se baseia numa pronunciada dúvida anterior com relação à própria identidade sexual, os episódios delinqüentes e francamente psicóticos não são raros.

Na sexta fase (do adulto jovem), o indivíduo, já cônscio de sua identidade, se dispõe a fundir sua identidade com a dos outros, e anseia por isso. Está preparado para a intimidade, isto é, a capacidade de se confiar a filiações e associações concretas e de desenvolver a força ética necessária para ser fiel a essas ligações, mesmo que elas imponham sacrifícios e compromissos significativos.

A evitação de tais experiências devido ao temor da perda do ego pode conduzir a uma profunda sensação de isolamento e a uma conseqüente auto-absorção.

O reverso da intimidade é o distanciamento: a tendência a isolar e, se necessário, a destruir aquelas forças e pessoas cuja essência parece perigosa para a própria, e cujo "território" parece invadir o âmbito das próprias relações íntimas.

A generatividade é a preocupação fundamental da sétima fase (idade adulta). A generatividade costuma abranger sinônimos como produtividade e criatividade, que, entretanto, não podem substituí-la. A generatividade implica ter filhos, firmar e guiar uma nova geração. Assim, a generatividade é uma etapa essencial do detalhamento psicossexual como do psicossocial. Quando esse enriquecimento falha completamente, ocorre uma regressão a uma necessidade obsessiva de pseudo-intimidade, muitas vezes acompanhada por uma sensação penetrante de estagnação e de infecundidade pessoal.

Quem viveu bem há de envelhecer bem. Este é o sentido da oitava etapa. Quem soube vencer todas as etapas anteriores há de conseguir a "integração do ego", há de ter segurança e tranqüilidade e enfrentar, sem temor, o fechamento de um ciclo vital.

A falta ou a perda dessa integração do ego é simbolizada no temor da morte: o uno e único ciclo de vida não é aceito como o limite extremo da vida. A desesperança exprime o sentimento de que o tempo já é curto, demasiado curto para a tentativa de começar outra vida e para experimentar rotas alternativas para a integridade. O descontentamento de si mesmo oculta a desesperança.

PERLS

Frederick Perls é considerado o fundador da gestalt-terapia, uma técnica psicoterápica que implica uma teoria da personalidade e busca ajudar o indivíduo a relacionar-se consigo mesmo e com os outros e a expressar seus sentimentos de maneira mais direta.

A gestalt-terapia é uma abordagem existencial, o que significa que não se ocupa somente em lidar com os sintomas ou estrutura do caráter, mas com a existência total da pessoa. Em seu pensamento vamos perceber a influência marcante das várias correntes organísmicas e existencialistas, assim como conceitos propriamente gestaltistas com relação à percepção. O mais certo seria incluí-la dentro da chamada psicologia humanista, um novo movimento que enfatiza a importância da realização pessoal e o respeito pela individualidade (a que já temos nos referido). Seus conceitos principais, resumindo as explicações dadas pelo próprio Perls, em seu livro *Gestalt-terapia explicada*, são os seguintes:

1. Organismo é qualquer ser vivo que possua órgãos, tenha uma organização e se auto-regule. Um organismo não é independente do ambiente. Todo organismo necessita do ambiente para trocar materiais essenciais. O mundo, e particularmente todo o organismo, mantém a si mesmo, e a única lei constante é a formação de "gestalts", todos, inteiros. A gestalt é uma função orgânica; uma unidade de experiência fundamental.

2. Os organismos possuem dois tipos de controle: um é o controle que vem da força — eu sendo controlado pelos outros, por ordens, pelo ambiente, e assim por diante; outro é o controle interior, incorporado em todo o organismo

— minha própria natureza. A auto-regulação organísmica é a sabedoria do organismo; a situação mais urgente torna-se a controladora, a que dirige e a que se encarrega da busca de satisfação. A situação mais urgente emerge, e, em qualquer caso de emergência, você percebe que ela prevalece sobre qualquer atividade. Com uma tomada de consciência completa, pode-se deixar o organismo dirigir sem interferência, sem interrogações. O contrário disto é toda a patologia da manipulação, do controle ambiental, que interfere com o sutil autocontrole organísmico. A situação é a única coisa que deve controlar o comportamento. Se você compreender a situação em que se encontra e deixá-la controlar suas ações, então aprenderá como lidar com a vida.

3. Todo indivíduo, toda planta, todo animal tem apenas um objeto inato: *realizar-se naquilo que é*. Na natureza, com exceção do ser humano, a constituição, a sanidade, o crescimento, o potencial, são todos alguma coisa unificada. A sociedade é representada nesse desenvolvimento pelos nossos pais, babás, professores, etc. Freqüentemente, ao invés de facilitar o crescimento autêntico, eles interferem no desenvolvimento natural.

4. O crescimento é um processo demorado. A maturação nunca se completa. *Amadurecer é transcender ao apoio ambiental para o auto-apoio*. O impasse é o ponto crucial do crescimento, assim como da terapia; é o ponto onde o apoio ambiental ou o obsoleto apoio interno não é mais suficiente, e o auto-apoio autêntico ainda não foi obtido. Amadurecer significa assumir a responsabilidade pela própria vida, de ser por si só.

5. O sistema sensorial e o sistema motor são os sistemas de relacionamento com o mundo. O sistema sensorial é para a orientação, a sensação de tato, onde entramos em contato com o mundo. O sistema motor é o sistema de ação, por meio do qual fazemos alguma coisa com o mundo. Assim, uma pessoa realmente sadia deve ter tanto uma boa orientação quanto habilidade de agir. As emoções são a força motora mais importante para o nosso comportamento: emoção no sentido amplo, tudo o que você sente: a espera,

a alegria, a fome. Cada emoção se expressa no sistema muscular. Os músculos são usados para fazer a pessoa se mexer, tirar coisas do mundo, tocar o mundo, estar em contato, estar *com tato*. Se as excitações não puderem ser transformadas nas atividades específicas e ficarem estagnadas, então temos o estado de ansiedade que é uma tremenda excitação contida, engarrafada.

6. A fronteira do ego não é algo fixo. Os seus dois fenômenos são identificação e alienação. Existe sempre uma polaridade: *dentro* temos o sentimento de familiaridade, do "certo"; *fora*, existe o estranho e o "errado". O contato significa ultrapassar a fronteira. Nós tocamos, entramos em contato, ampliamos nossa fronteira em função da coisa em questão. Se formos rígidos e não pudermos nos movimentar, então a coisa permanece lá fora.

7. O caráter é um sistema rígido, comportamento petrificado, previsível, perda de capacidade de lidar livremente com o mundo e com todos os seus recursos. O indivíduo fica predeterminado a lidar com os fatos de uma forma, ou seja, de acordo com o que seu caráter prescreve.

8. A ansiedade é o vazio entre o agora e o depois. Sempre que você abandonar a base segura do agora e ficar preocupado com o futuro, você experimentará ansiedade. Qualquer pessoa que queira manter o *status*, ficará cada vez mais em pânico e com medo. O agora engloba tudo o que existe. O passado já foi e o futuro ainda não é. Agora inclui o equilíbrio de estar aqui, é o experienciar, o envolvimento, o fenômeno, a consciência.

9. A auto-realização e a realização da auto-imagem são uma questão importante: muitas pessoas dedicam a vida a realizar suas concepções do que elas *devem ser*, em vez de realizarem a si mesmas. Esta diferença entre autorealização e realização da auto-imagem é fundamental. A maioria das pessoas vive apenas em função da sua imagem. *Onde algumas pessoas têm um self, a maioria tem um vazio, pois estão muito ocupadas em parecer isto ou aquilo.* Isto é o tormento do ideal: o tormento de que você não deve ser o que é.

10. Costumamos possuir em nós dois manipuladores do nosso comportamento: o dominador e o dominado. O dominador (espécie de superego) é autoritário e se julga sempre com a razão. É um verdadeiro tirano, e funciona com *slogans* tais como "você deve" e "você não deve". O dominador manipula dando ordens e fazendo ameaças de catástrofes. O dominado (espécie de infra-ego) manipula sendo defensivo, desculpando-se, seduzindo, representando o bebê-chorão.

11. Sem frustração não existe necessidade, não existe razão para mobilizar os próprios recursos, para descobrir a própria capacidade, para fazer alguma coisa; e, a fim de não se frustrar, o que é uma experiência muito dolorosa, a criança aprende a manipular o ambiente. Cada vez que o mundo adulto impede a criança de crescer, cada vez que ela é mimada por não ser frustrada o suficiente, a criança está presa. Assim, em vez de usar o seu potencial para crescer, ela agora usará seu potencial para controlar o mundo, os adultos. Em vez de mobilizar seus próprios recursos, ela cria dependência. *A fobia da cor é a inimiga do desenvolvimento.*

12. Nós não podemos reprimir uma necessidade. Nós reprimimos apenas expressões destas necessidades. Nós bloqueamos de um lado, e então a auto-expressão surge em algum outro lugar, em nossos movimentos, na nossa postura, e principalmente na nossa voz.

13. A neurose é uma desordem, um distúrbio do desenvolvimento. Ela se desloca cada vez mais do campo médico para o campo educacional. Possui camadas: a primeira é a camada dos clichês (símbolos sem significado); a segunda é a camada Eric Berne ou Sigmund Freud, a camada em que fazemos jogos e desempenhamos papéis. Estas são camadas superficiais, sociais, são camadas *"como se"*. Nós fingimos que somos melhores, mais ríspidos, mais fracos, mais educados, etc. do que realmente nos sentimos; a terceira camada é a de nível sintético, um meio-termo entre a antiexistência e a existência (camada de impasse); a outra camada é a da morte, ou implosiva: esta camada se mostra como morte ou medo da morte. Mostra-se como morte por

causa da paralisia causada por forças em oposição: nós nos agregamos, nos contraímos e, comprimidos, nos implodimos. Uma vez que tomamos contato com o sentimento mental desta camada implosiva, acontece algo muito interessante. Esta implosão se torna uma explosão. A camada da morte volta à vida, e esta explosão é o elo com a pessoa autêntica, capaz de experienciar e expressar suas emoções. Existem quatro tipos básicos de explosões da camada da morte. Existe a explosão do pesar genuíno, se trabalhamos com uma perda ou morte que não tenha sido assimilada. Existe a explosão em orgasmo, em pessoas sexualmente bloqueadas. Existe a explosão em raiva, e, também, a explosão em alegria, isto é, riso, alegria de viver. Estas explosões se ligam à personalidade autêntica — ao verdadeiro self. A camada da morte, o medo da morte é que achamos que, se explodirmos, não poderemos mais sobreviver: morreremos, seremos perseguidos, punidos, não seremos mais amados, e assim por diante. Então, todo o jogo de ensaios e autotortura prossegue: nós nos contemos e nos controlamos.

14. O sonho é a expressão mais espontânea da existência do ser humano. Todas as partes do sonho são fragmentos de nossa personalidade. Uma vez que o nosso objetivo é nos tornarmos pessoas inteiras, o que significa pessoas unificadas, sem conflitos, o que temos a fazer é juntar os diferentes fragmentos do sonho. Temos que reassumir estas partes projetadas, fragmentadas da nossa personalidade e reassumir o potencial oculto que aparece no sonho. Em gestalt-terapia nós não interpretamos os sonhos: queremos trazê-los de volta à vida. E o jeito de trazê-los de volta à vida é reviver os sonhos como se eles estivessem ocorrendo agora. Em vez de contar o sonho como uma história passada, encerre-o no presente, de modo que ele se torne parte de você, de modo que você realmente se envolva. No sonho nós recebemos uma clara mensagem existencial do que está faltando em nossa vida, e que evitamos fazer e viver. Pessoas que não se lembram dos seus sonhos são pessoas fóbicas. E se você se recusa a lembrar-se dos seus sonhos, na realidade você se recusa a encarar a sua existência... a encarar o que há de errado com a sua existência. Você evita lidar com o

que é desagradável. Quanto mais fragmentada a pessoa é, mais os sonhos dela viram pesadelos. O sonho é sempre uma mensagem velada.[10]

REICH

Wilhelm Reich, médico austríaco, psicanalista, discípulo de Freud e militante político, foi uma das figuras mais polêmicas do nosso século, e só agora, tantos anos depois de sua morte (1957), tem a sua obra devidamente divulgada, avaliada, discutida e valorizada.

A sua teoria da economia sexual pode ser resumida nos seguintes pontos, apresentados por ele próprio no seu livro *A função do orgasmo*:

1. A saúde psíquica depende da potência orgástica, isto é, da capacidade de entrega no auge da excitação sexual no ato natural. A sua base é a atitude de caráter não-neurótico da capacidade para o amor.

2. A doença mental é resultado de uma perturbação da capacidade natural para o amor. No caso de impotência orgástica, de que uma vasta maioria dos seres humanos sofre, a energia biológica é bloqueada, tornando-se, assim, fonte de todos os tipos de comportamento irracional.

3. As perturbações psíquicas são os resultados do caos sexual provocado pela natureza de nossa sociedade, que, durante milhares de anos, vem tornando os indivíduos submissos às condições existentes, ou, por outras palavras, exerce a função de internalizar a mecanização externa da vida. Serve ao propósito de causar a ancoragem psíquica de uma civilização mecanizada e autoritária, fazendo com que as pessoas percam a confiança em si próprias.

4. As energias vitais, em condições normais, regulam-se espontaneamente, sem dever compulsivo ou moralidade compulsiva.

---

10 É bom lembrar que, embora tenhamos resumido as idéias de Perls, as palavras usadas são, quase que na íntegra, do próprio.

5. O comportamento anti-social é causado por impulsos secundários que devem sua existência à supressão da sexualidade natural.

6. O indivíduo, educado numa atmosfera que nega a vida e o sexo, adquire uma ansiedade-de-prazer (medo de excitação que dê prazer), que é representada, fisiologicamente, em espasmos musculares crônicos. Esta ansiedade-de-prazer é o solo em que o indivíduo recria as ideologias que negam a vida, as quais são a base das ditaduras. Trata-se da fundação do medo, de um medo de vida livre e independente.

7. A estrutura do caráter do homem atual — que perpetua uma cultura patriarcal e autoritária, que já tem de 4 000 a 6 000 anos de idade, é caracterizada por uma *armadura contra a natureza, dentro de si, e também contra a miséria social, fora de si*. Esta armadura de caráter é a base da solidão, do medo da responsabilidade, dos anseios místicos, do desamparo, da ânsia de autoridade, da miséria sexual, da rebeldia impotente, bem como da resignação de um tipo anormal e patológico. Os seres humanos adotam uma atitude hostil para o que é vivo dentro deles, e assim alienam-se de si próprios. Essa alienação não é de origem biológica, mas sim de origem econômica. Não pode ser encontrada na história humana antes do desenvolvimento da ordem social patriarcal.

8. Desde então, o dever tomou o lugar da fruição natural do trabalho e da atividade.

9. Essa formação do caráter, no molde autoritário, tem como seu ponto central não o amor pelos pais, mas sim pela família autoritária. O seu objetivo principal é a supressão da sexualidade na criança e no adolescente.

10. Em virtude da divisão na estrutura humana dos nossos dias, natureza e cultura, instinto e moralidade, sexualidade e realização são considerados incompatíveis. Aquela unidade de cultura e natureza, de trabalho e amor, moralidade e sexualidade que a humanidade está procurando desde sempre, essa unidade, enfim, ficará sempre como um mero sonho enquanto o homem não permitir a

satisfação das exigências biológicas de gratificação sexual (orgástica) natural.

PIAGET

A teoria de Piaget é um sistema consistente, contínuo e abrangente que possui raízes biológicas comuns com o sistema psicanalítico. Seu principal interesse é o de mostrar como o objeto vai evoluindo, paulatinamente, desde os primeiros meses da vida, quando constitui apenas um prolongamento do reflexo, até adquirir uma solidez e uma consistência próprias que o configuram e distinguem do resto do meio onde está contido. A criança vai aprendendo que as coisas têm diferentes aspectos e como essas características servem para distingui-las e classificá-las: têm formas, têm uma composição interna, são comparáveis, até se chegar a um ponto em que o objeto não só é concebido de acordo com as suas qualidades, mas também é imaginável e previsível em sua transformação futura não-existente.

Todo organismo é uma totalidade que tende constantemente para a organização e a adaptação. Representa um processo comum de um *continuum*, onde um extremo é constituído pelas formas mais primitivas da existência e o extremo oposto pelas funções mais elevadas do intelecto.

É impossível conceber qualquer forma de vida sem uma estrutura original. Não existem atos isolados; todos fazem parte de um conjunto muito complexo que possui uma finalidade: a conservação no tempo da unidade biológica.

Organização e adaptação são invariáveis e inseparáveis. São dois processos complementares de um só mecanismo, sendo o primeiro a parte interna de um ciclo e constituindo a adaptação o aspecto externo, de acordo com Piaget. A adaptação é um processo único, dinâmico e progressivo que compreende, por sua vez, duas funções: a assimilação e a acomodação. Todo e qualquer ato de inteligência pressupõe uma concepção ou interpretação da realidade exterior, quer dizer, uma assimilação do externo ao conhecimento já existente. A essa necessidade de incorporar situações novas às antigas, já presentes na mente, chama-se assimilação. A acomodação seria a transformação que a experiência existente tem que sofrer para que possa incorporar o assimilado.

A assimilação e a acomodação descrevem, pois, o processo de adaptação; são processos complementares. De maneira ampla, a assimilação descreve a capacidade do organismo para enfrentar novas situações e novos problemas, com seu conjunto atual de mecanismos; a acomodação descreve o processo de mudança, através do qual o organismo se torna capaz de enfrentar situações que, inicialmente, são muito difíceis para ele. A assimilação significa que o organismo se adaptou e pode enfrentar a situação a ele apresentada; a acomodação significa que precisa mudar para adaptar-se.

A aquisição gradual da capacidade para pegar objetos pequenos, por exemplo, pode ser descrita como um processo de acomodação. Uma vez que a capacidade tenha sido adquirida, o esquema de apreensão pode assimilar esses objetos pequenos. A criança, no entanto, precisa desejar e tentar pegar um objeto, antes que possa aprender a pegá-lo. Piaget inclui os aspectos de motivação e aprendizagem em sua apresentação do processo de acomodação.

Segundo ele, pois, ambas as realidades, a biológica e a intelelctual, compreendem: a incorporação (assimilação) de uma realidade externa (meio ambiente), dentro de uma estrutura dinâmica que progride (indivíduo), a qual se acopla (acomodação) a essa realidade, com a formação conseqüente de um equilíbrio contínuo (adaptação) para adquirir um conhecimento.

Poderíamos conceber a via de progressão da estrutura mental (ou qualquer estrutura) como um movimento contínuo, em espiral, de assimilações e acomodações constantes e sucessivas. Cada nova assimilação que se acomoda vai criando uma situação de desassossego e desequilíbrio interno, que assegura o aparecimento de um declive no sentido de novas assimilações. No fundo, a finalidade desse movimento é alcançar um estado de equilíbrio reversível e contínuo. O equilíbrio das operações mentais é alcançado de uma forma idêntica à que ocorre nos grupos matemáticos: seguindo uma via de reversibilidade por inversão (2 + 2 = 4; 2 — 2 = 0) ou de reversibilidade por semelhança (A = B; B = C; A = C).

Para Piaget, o paralelo comportamental de estrutura na biologia é o *esquema*. O esquema constitui uma condição cognitiva dada, uma disposição organizada, criada pela função de assimilação, e à qual vão se acrescentando, sucessivamente, assimilações futuras que criam novos esquemas. Os esquemas recebem o nome de atividade motora que representam: assim, haverá um esquema de sucção, um esquema de preensão, etc. O esquema pode ser simples e unitário, ou pode ser um sistema global, assim como certas estruturas, como o dedo, são unitárias, enquanto outras, como o sistema digestivo, são muito diferenciadas e distribuídas por todo o corpo. De qualquer forma, quer se trate de um esquema muito simples ou muito complexo, ele representa em si uma totalidade.

Uma das características mais importantes do esquema é a tendência para repetir continuamente o ato assimilado, de tal modo que só quando isso acontece se constitui, na realidade, um verdadeiro esquema.

Essa tendência da assimilação para repetir-se uma e outra vez de forma contínua foi denominada por Piaget *assimilação funcional ou reprodutiva*. E chamou *reação circular* ao processo repetitivo de assimilação do objeto, dentro do esquema, e de adaptação deste ao novo objeto assimilado, realizado de forma contínua até o infinito. Uma reação circular é, pois, um padrão de resposta que tende a prolongar sua existência, porque os atos que a compõem provocam os estímulos que a provocam; o estímulo provoca a resposta, que, por sua vez, provoca o estímulo que provoca a resposta...

À medida que o processo se desenrola e fica mais complexo, o número de objetos assimiláveis para um dado esquema torna-se cada vez maior, dando lugar a outro fenômeno interessante: a *assimilação generalizadora*.

Por outra parte, à medida que os esquemas se tornam mais complexos e tem lugar a assimilação generalizadora, a criança aprende a discriminar os objetos que servem para comer, por exemplo, daqueles que servem para outras coisas. A este processo diferencial chamou-se *assimilação recognitiva*. Um objeto pode, também, servir de alimento a dois esquemas diferentes. Esse objeto, ou melhor, essa assimilação, que num dado momento reúne dois esquemas até então separados, recebeu o nome de *assimilação recíproca*.

Em conclusão, o esquema assimilativo contém implícitas três características principais: repetição, generalização e diferenciação.

Estas são as bases da teoria piagetiana. Desenvolvê-la seria apresentar toda a evolução dos estádios de desenvolvimento mental (período sensório-motor, período pré-operacional, período de operações concretas e período de operações formais). Entretanto, esta seria uma tarefa por demais longa, o que foge aos objetivos deste trabalho.

ROGERS

Rogers acreditava que o homem tem uma potencialidade infinita de expandir-se, de crescer, de realizar-se, e que todo o seu comportamento visa a este objetivo.

A tendência inata à auto-realização pode ser descrita como a tendência do organismo para reduzir as impulsões biogênicas, tornar-se mais independente do ambiente, usar tanto quanto possível suas habilidades, criar e chegar a níveis mais altos de eficiência.

"Tornar-se pessoa" significa libertar-se das peias internas, tornar-se capaz de um contato verdadeiro (intimidade) com as pessoas, não fazer jogos, não usar máscaras, não se satisfazer com o simples ajustamento a um ambiente, mas tender a criar novas idéias e coisas, ser cooperativo, receptivo e amoroso. Esta seria a direção em que todos nós procuraríamos nos desenvolver. O apelo da vida e da auto-realização é muito forte, e mesmo quando o ambiente não lhe proporciona oportunidades e a atmosfera é inadequada, o indivíduo luta nesse sentido.

Como todo movimento humanista, a teoria rogeriana dá ênfase à complexidade e singularidade do homem. Salienta também um aspecto desta singularidade — o vivenciar ou "experienciar" —, ressaltando o "pensar", "decidir" e "sentir", que são processos fundamentais, embora não passíveis de uma observação direta.

Os principais componentes conceptuais de sua teoria são:

1. *Organismo*, que é o indivíduo total. Propriedades do organismo: a) reage ao campo fenomenológico como um todo organizado, a fim de satisfazer suas necessidades; b) possui um motivo básico: o de auto-realizar-se, manter-se e melhorar-se; c) pode simbolizar suas experiências, a fim de que se tornem conscientes, permaneçam inconscientes, ou ainda pode ignorá-las.

2. *Campo fenomenológico*, que é a totalidade de experiências: pode ser consciente ou inconsciente, pois depende de que as experiências sejam simbolizadas ou não.

3. *Self*, parte diferenciada do campo fenomenológico, consiste de um conjunto de percepções e de valores do "eu" e do "mim". O self é o núcleo da personalidade e possui propriedades como: estabelecer interação do organismo com o meio, introjetar valores dos outros ou percebê-los de forma distorcida, a busca de consistência, levar o organismo a reagir de maneira condizente consigo, perceber como ameaçadoras experiências não-condizentes com sua estrutura, mudar como resultado da maturidade e da aprendizagem.

Rogers acredita que a pessoa é muito aproximadamente aquilo que diz de si própria. Por isso, o melhor modo de conhecê-la é através da verbalização. Por trás do conteúdo manifesto das expressões do indivíduo existe toda a riqueza de um conteúdo latente, que mergulha profundamente na personalidade. Deste modo, a avaliação que o indivíduo faz de si mesmo é o ponto básico desta nova terapia não-diretiva. Daí sua aplicabilidade nas diversas fases sem uma caracterização distinta num processo de desenvolvimento da infância à maturidade.

A terapia rogeriana é uma concepção positiva e otimista acerca da natureza humana. Rogers apóia sua orientação no princípio básico de que as pessoas possuem um potencial bastante rico para resolverem elas próprias suas dificuldades, desde que lhes seja proporcionada a oportunidade e atmosfera adequadas.

Com relação à liberdade existencial, ele acredita que a "essência da terapia é o movimento do cliente em direção contrária ao sentimento de estar controlado por outros e não livre, e em direção favorável ao ameaçador, mas compensador sentimento de liberdade para planejar e escolher sua nova personalidade".

Rogers põe grande ênfase no conceito do eu. Ele concluiu que, à medida que uma pessoa se desenvolve, torna-se consciente de certos pensamentos e sentimentos que a identificam como diferente dos demais. O termo *eu* é usado em um sentido bastante amplo, que inclui tanto a consciência como a avaliação do próprio comportamento.

Como sua teoria é baseada na fenomenologia e na teoria de campo de Kurt Lewin, não podemos deixar de lembrar que *realidade* é considerada como o campo perceptível para o indivíduo e que o organismo reage sempre como um todo organizado a este campo, da maneira que é experienciado e sentido.

O desajustamento psicológico existe para ele quando o organismo nega à consciência experiências sensoriais e viscerais significativas, que, conseqüentemente, não são simbolizadas e organizadas na forma de uma estrutura do eu.

KURT LEWIN

A construção fundamental para Lewin é a de "campo". Todo o comportamento, incluindo ação, pensamento, desejo, busca, valorização, realização, etc., é concebido como uma mudança de algum estado de um campo, numa determinada unidade de tempo.

A estrutura do sistema teórico é o "campo vital", e este consiste nas necessidades da pessoa e nas potencialidades de ação acessíveis à medida que ela as aprende. Na psicologia individual, o campo que o cientista deve considerar é o "espaço de vida" do indivíduo, que consiste nele mesmo e no meio, tal qual ele o percebe. Para a psicologia de grupo ou sociologia, é proposta uma formulação semelhante.

Todo o aspecto do meio físico de uma pessoa que não faça parte do espaço vital e ao qual ela não reaja diretamente constitui a "casca externa" do espaço vital.

A tarefa do cientista consiste em desenvolver construções e técnicas de observação e medida adequadas para caracterizar as propriedades de qualquer espaço de vida, em qualquer momento, e estabelecer as leis que governam as mudanças dessas propriedades. Ao realizar essa tarefa, é necessário determinar, especificamente, que coisas devem ser incluídas na representação de qualquer espaço de vida, em qualquer momento particular. Então, para compreender o comportamento de uma pessoa, em qualquer ponto do tempo, devemos reconstituir e descrever o espaço vital, o que quer dizer que devemos compreender as forças psicológicas em ação nesse momento. Muitas forças podem afetar a pessoa, e o seu comportamento, em qualquer ocasião, é uma conseqüência delas.

Um dos conceitos fundamentais de Lewin é, pois, a lei de que o comportamento (C) é uma função (F) de uma pessoa (P) e de seu meio ambiente (A). $C = F(PA)$, sendo P e A variáveis interdependentes. A soma de todos os fatores ambientais e pessoais em interação é chamada espaço vital (E-V) ou espaço psicológico. O comportamento é uma função do espaço vital e não somente de estímulos físicos. O espaço vital é o total dos fatores não-físicos das necessidades do indivíduo, motivações e outros fatores psicológicos que determinam o comportamento.

A maneira pela qual uma criança percebe seu ambiente, portanto, depende do estágio do desenvolvimento em que está, de sua personalidade e de seu conhecimento. Um ambiente instável, durante a adolescência, ocasiona instabilidade no indivíduo. Portanto, para compreender o comportamento de uma criança, deve-se considerar a ela e a seu ambiente como uma constelação de fatores interdependentes.

Dentro do espaço vital, os objetos ou objetivos podem ter valência positiva (atração) ou negativa (repulsa); positiva, se permitem a satisfação de necessidades e desejos; negativa, se evitam a satisfação ou ameaçam causar dano. Estas forças motivadoras produzem a locomoção: o indivíduo se dirige para, ou se afasta de seu objetivo. Quando diversas forças atuam, a locomoção é chamada resultante. Uma barreira entre um indivíduo e seu objetivo resulta em frustração.

A principal característica de desenvolvimento é a progressiva diferenciação das áreas não-estruturadas e indiferenciadas do espaço vital, à medida que a criança cresce. Isto se aplica a muitos dos diferentes aspectos do desenvolvimento, tais como habilidade de linguagem, relações sociais, emoções, etc. As mudanças na diferenciação do espaço vital ocorrem lentamente em certas fases, e mais rapidamente em outras. As mudanças lentas resultam em períodos mais harmoniosos de desenvolvimento, enquanto as mudanças rápidas mais provavelmente resultarão em períodos de crise. A diferenciação do espaço vital varia largamente, em alcance e intensidade, de um indivíduo para outro. Um dos fatores responsáveis por essas diferenças é a inteligência.

O espaço vital tem diferentes regiões, separadas por limites, com diferentes graus de permeabilidade. Por exemplo, o adolescente se encontra em diversos limites relativamente impermeáveis. Dirigir um automóvel, comprar uma bebida alcoólica, manter relações sexuais são objetivos com valência positiva e, portanto, parte de seu espaço vital, mas não inacessíveis devido à restrição parental.

Resumindo, podemos incluir toda a teoria de Lewin nos seguintes tópicos:

— Psicologia topológica: a parte do sistema que envolve relações espaciais, tais como "ser incluído em", "parte-todo", "conectados-desconectados".

— Espaço hodológico: envolve os conceitos dinâmicos de direção, distância e força.

— Psicologia vetorial: conceitos dinâmicos de energia, tensão, necessidade, valência e força ou vetor. As locomoções e as reestruturações têm por fim reduzir a tensão, satisfazendo as necessidades.

— Desenvolvimento: conceitos de campo tais como diferenciação, mudanças nas condições de delimitação, organização e integração. Com o crescimento da maturidade, existe maior diferenciação, tanto da pessoa quanto do meio psicológico, aumento de resistência das delimitações e um sistema de relações hierárquicas e seletivas mais complicado, entre os sistemas de tensão.

As principais qualidades do espaço vital são: permeabilidade, impermeabilidade, firmeza, fraqueza, fluidez, rigidez e acessibilidade.

SKINNER

B. F. Skinner é o fundador da maior escola de pensamento da psicologia E-R (estímulo-resposta). Skinner realmente fundou um sistema, e este sistema baseia-se no behaviorismo descritivo de Watson e nos conceitos de estímulo, resposta e reforço.

Para Skinner, a personalidade não necessita ser explicada em termos de "hipotéticas" necessidades e motivos, mas em termos de estímulos que determinam a ocasião para certos tipos de respostas e os reforços que as mantêm.

Seu conceito de reforço é assim definido: um reforço positivo é qualquer estímulo que reforça a resposta que leva ao estímulo. Qualquer coisa que faz crescer a possibilidade de que a resposta ocorrerá é vista como um reforço positivo: alimento, elogio, dinheiro, um balançar de cabeça e um sorriso são exemplos de reforços positivos.

A aprendizagem é a base de todo o desenvolvimento e todo o comportamento. Ele distingue dois tipos de aprendizagem: a respondente e a operante. O tipo respondente é o condicionamento clássico. Para Skinner, o tipo operante é mais importante, desde que envolve formas mais complexas de aprendizagem. Na aprendizagem operante, as situações devem ser arranjadas de modo que a resposta desejável seja relacionada ao reforço. Esta é a base do sistema da instrução programada, desenvolvido por Skinner.

Condicionamento clássico: no condicionamento clássico, um estímulo neutro, como o som de uma campainha, é sistematicamente emparelhado com algum outro estímulo, como um choque elétrico, que produz regularmente uma resposta forte e incontrolável da parte do sujeito. O emparelhamento dos estímulos é repetido até que a campainha venha a eliciar a mesma resposta que o choque.

O condicionamento clássico é também referido como condicionamento pavloviano, porque foi Ivan Pávlov, um fisiologista russo, quem desenvolveu o método. Ainda um outro termo usado para esta forma de condicionamento é condicionamento respondente, por causa da ênfase sobre as propriedades das atividades reflexas (respondentes).[11]

Condicionamento operante: enquanto o condicionamento clássico envolve apenas uma resposta reflexiva, o condicionamento operante envolve respostas controladas pelo sujeito. O condicionamento clássico é, pois, passivo: os estímulos agem sobre o sujeito, e ele responde automaticamente. O condicionamento operante é ativo: o indivíduo responde aos estímulos de acordo com a maneira pela qual suas respostas afetam o estímulo.

No condicionamento clássico, o objetivo é eliciar o sujeito à resposta reflexiva para um estímulo que não elicia tal resposta naturalmente. No condicionamento operante as respostas são controladas pelo aprendiz. As respostas afetam seu ambiente e são reforçadas por seu efeito. Quanto mais freqüentemente a resposta é reforçada, mais forte ela se torna.

Este segundo tipo de condicionamento é baseado na "lei de efeito" de Thorndike, que estabelece que "as respostas podem ser alteradas por seus efeitos sobre o ambien-

---

11 O condicionamento clássico possui toda uma terminologia específica que não podemos desenvolver aqui.

te". Respostas que levam a efeitos satisfatórios são fortalecidas; respostas que levam a efeitos insatisfatórios são enfraquecidas.

O condicionamento operante (ou instrumental) requer que a resposta correta usualmente seja seguida por um estímulo reforçador. Alguns psicólogos usam os termos recompensa e reforço positivo um pelo outro; preferimos usar o termo reforço positivo porque isso lembra que há também o reforço negativo, ao qual o sujeito também responde.

No reforço negativo, a resposta do sujeito pode ser para terminar ou evitar um reforçador negativo, como dor ou punição. A resposta aprendida pelo sujeito é, então, chamada condicionamento instrumental aversivo.

O condicionamento instrumental de animais pode ser estudado colocando-se o animal numa "caixa de Skinner". A caixa contém uma alavanca que o animal aprende a pressionar, provocando a queda de alimento em uma bandeja. Assim, o animal associa a pressão da alavanca à recompensa do alimento.

O condicionamento instrumental aversivo na caixa de Skinner pode ser conseguido provocando-se um choque nas grades do piso, agindo o choque como um estímulo através do qual o animal aprenderá uma resposta de escape, como pressionar a alavanca para desligar a corrente. Se um estímulo é apresentado antes do choque (por exemplo, uma luz vermelha), ele aprenderá uma resposta de esquiva, pressionando a alavanca e prevenindo a ocorrência do choque.

Aproximações sucessivas são um processo pelo qual uma série de respostas é desenvolvida na direção de uma resposta final desejada. Ela é conseguida reforçando-se o sujeito seletivamente por respostas que mais e mais se aproximam da resposta desejada.

No condicionamento operante, a extinção é conseguida negando-se o reforço. A extinção do comportamento de esquiva é difícil, já que o indivíduo evita a ocorrência do estímulo que teme. Desde que ele age antes que o choque seja apresentado, é difícil para ele aprender que o aviso não será seguido do choque.

Um exemplo simples de aprendizagem de discriminação no condicionamento operante seria dar ao sujeito três alavancas de diferentes cores para pressionar, e recompensar somente a pressão de uma de cor particular. A generalização do estímulo também pode ocorrer da mesma forma que no condicionamento clássico.

Um reforço primário é efetivo sem associação com outros reforços. Por exemplo, alimento é reforço para um indivíduo faminto, água para um sedento, etc. Um reforço secundário torna-se efetivo somente depois de ter sido associado a outros reforços. Por exemplo, dinheiro é um reforço condicionado porque é associado a coisas que pode comprar.

Cada modelo de reforço tem um efeito diferente no processo de aprendizagem. Respostas aprendidas sob reforço contínuo são mais facilmente aprendidas e mais facilmente extintas. Tipos de modelos de reforço parcial são: razão fixa, intervalo fixo, razão variável e intervalo variável. Destes, o modelo de razão variável produz a maior resistência à extinção.

Na razão fixa, o reforço é administrado depois de um número fixo de respostas corretas. No intervalo fixo, o reforço é administrado depois de um tempo fixo, independentemente do número de respostas. Na razão variável, o reforço é administrado depois de um número variado de respostas não reforçadas. No intervalo variável, o reforço é administrado depois de intervalos variados de respostas não reforçadas, baseado em um período de tempo determinado entre reforços.

A punição e o reforço negativo envolvem o uso de estímulos aversivos. Entretanto, o reforço negativo fortalece a resposta que termina com o estímulo negativo. Na punição, uma resposta é suprimida pela apresentação de um estímulo aversivo. Há grandes desvantagens na punição: a) a menos que seja extremamente severa, a resposta punida voltará; e b) introduz estímulos capazes de atrapalhar o processo de aprendizagem, como o medo e o ressentimento. Para que a punição seja efetiva, é melhor dar uma resposta alternativa que resultará num reforço positivo.

Acreditamos que a contribuição principal de Skinner é o conceito de condicionamento operante, que acabamos de explicar. Por isso, não nos delongaremos mais.

PSICOLOGIA TRANSPESSOAL

Jung foi, provavelmente, um marco profundo na história da psicologia. Com ele, a psicologia passou a perceber estados mais amplos de consciência, que estavam além do já conhecido, discutido e pesquisado.

Experiências antes consideradas místicas ou alucinantes passaram a ser um campo grande de interesse, abrindo a perspectiva da existência de outras dimensões e da presença, no ser individual, de algo que vai além de sua vivência própria e que se liga ao cosmo, ao transcendental.

A psicologia transpessoal, pois, parece surgir a partir de algumas vertentes, como o trabalho de Jung, os trabalhos de Einstein e dos físicos modernos, a filosofia oriental e as correntes de auto-realização.

Em 1969, apareceu nos EUA a primeira Associação de Psicologia Transpessoal, que publicou uma revista tendo como editores, entre outros, Anthony Sutich, Michael Murphy e James Fadiman. Entre os seus membros figuram nomes tais como Charlotte Buhler, Abraham Maslow, Alan Watts, Arthur Koestler, Viktor Frankl.

A psicologia transpessoal está ligada especificamente ao estudo empírico-científico das metas, necessidades individuais e coletivas, dos estados de consciência pelos quais passamos, sono profundo, sonho, relaxamento, vigília, estados que transcendem o ego, tais como: consciência unitiva, consciência cósmica, experiências transcendentais, experiências místicas, de cume, oceânicas, entre outras.

A visão do mundo, na psicologia transpessoal, é a de um todo integrado, em harmonia: tudo é energia e não há separação. Ela lida, principalmente, com a chamada "experiência cósmica" ou os estados ditos "superiores" ou "ampliados" da consciência. Tem uma íntima ligação com a parapsicologia que, como se sabe, estuda os chamados "poderes paranormais" do indivíduo. Como diz Pierre Weil, em seu livro *Consciência Cósmica*, "tudo indica que estes poderes são concomitantes com os estados especiais de consciência abordados pela psicologia transpessoal".

O termo "consciência cósmica" está no centro da psicologia transpessoal. Ele indica uma sensação profunda da nossa ligação com todo o cosmos, com todos os seres. Não somos uma consciência à parte, mas estamos inseridos num todo. A nossa vida não seria simplesmente este momento aqui no planeta, mas algo muito mais amplo, que transcende o que chamamos de realidade. A noção de eterno estaria presente em todos nós, ligando-nos ao passado e ao futuro, não apenas do planeta, mas de todo o universo. A morte não seria senão a passagem para outra dimensão, que esta "consciência", presente em todos nós, já pressente ou sempre pressentiu.

Esta experiência, quando é alcançada, é acompanhada de sentimentos de profunda paz, plenitude e amor a todos os seres. E, o que é mais extraordinário, provoca uma revolução em nossos valores, desligando-nos das coisas materiais, da vida ilusória, fazendo-nos substituir a preocupação do "ter" pelo "ser".

As experiências transpessoais, pois, não estão baseadas na "realidade objetiva", no mundo fenomênico habitual. Elas estão abertas para uma outra concepção do universo, para uma outra cosmovisão. Chega-se a vivências fetais e embrionárias e até de aparente memória de vidas passadas. São experiências de extensão do tempo. A extensão das dimensões espaciais são as de transcendência do ego, com identificação com outras pessoas, com animais, com plantas e desdobramento astral. O indivíduo se vê transportado à distância e vê lugares, pessoas e cenas que são identificados posteriormente. Usa, também, técnicas de relaxamento, meditação, visualização, treinamento de conscientização, bioenergética, hipnose, etc.

A psicologia transpessoal é algo muito novo, que ainda engatinha. Os seus estudiosos estão trabalhando com uma série de hipóteses, tentando dar ao seu estudo um embasamento verdadeiramente científico, desenvolvendo uma metodologia própria. É verdade que a evolução da psicologia transpessoal é bastante prejudicada pela ortodoxia acadêmica e pelo nosso racionalismo cartesiano. Entretanto, pouco a pouco, sem dúvida alguma, rasgam-se perspectivas inteiramente novas que, se comprovadas num futuro próximo, deverão provocar uma verdadeira revolução, não apenas na psicologia, mas em toda a vivência do homem ocidental moderno.

Em 1972, Carl Rogers, grande humanista, um dos maiores nomes da psicologia em nosso século, já previa o que anda acontecendo: "Talvez na próxima geração de psicólogos mais jovens, esperançosamente desembaraçados das proibições e resistências universitárias, haja alguns que ousarão investigar a possibilidade de haver uma realidade lícita, que não está exposta aos cinco sentidos, uma realidade na qual o presente, o passado e o futuro estão interligados, na qual o espaço não é uma barreira e o tempo desapareceu; uma realidade que pode ser percebida e conhecida somente quando somos passivamente receptivos, em vez de ativamente inclinados a conhecer. É um dos desafios mais excitantes da psicologia".

CONCLUSÃO

Estudo da alma, ciência da alma: este é o sentido da palavra "psicologia", esta era a preocupação dos primeiros filósofos diante do universo interior do homem, cheio de riqueza, de conflitos, de contradições, de paradoxos.

À medida, porém, que a psicologia foi se firmando como ciência, alma se tornou um conceito por demais longínquo, abstrato e mesmo ridículo... "Alma" passou a ser palavra proibida. O que é alma, o que é espírito? Algo que não se pode ver, tocar ou medir? Então, simplesmente não existe e nem pode ser objeto de estudo: este foi, durante séculos, o pensamento da ciência ocidental.

Hoje, entretanto, o desenvolvimento da física quântica parece estar nos levando de volta a conceitos que, provavelmente, os antigos gregos, sumérios, druidas, egípcios, etc. tinham como verdadeiros. Já se sabe que há um elemento coesivo do átomo, a que os físicos chamam de "gluon": este elemento não é matéria, mas sim unidade de energia, energia subatômica. E talvez esta energia seja a que constitui a alma... E se é verdade que existe alma, e que esta energia é eterna e indestrutível, e talvez preexista ao nascimento, então toda a psicologia tem que se reestruturar, pois mudam todas as suas referências, todos os seus parâmetros.

Uma nova era se descortina, pois, para as ciências psicológicas. Não podemos prever com exatidão quais serão os seus rumos. Mas percebemos que, ao desenvolver uma visão holística do ser humano, elas caminham em uma direção que nos levará, decerto, a uma maior compreensão de nós mesmos, como integrantes não apenas de grupos ou de sociedades, mas como partes do próprio cosmo.

O trabalho de todos estes pensadores, que acabamos de apresentar e que praticamente constitui, hoje, o corpo da psicologia e o instrumental com que trabalham os psicólogos, não foi em vão; significou uma longa, sofrida e bela caminhada, na tentativa de compreender o extraordinário universo que vive dentro de nós e nos impulsiona às mais excepcionais realizações.

A psicologia, ampliada hoje em seu conceito, trabalhando, lado a lado, com a parapsicologia, a psicobiofísica, a bioenergética e outras áreas das ciências físicas e humanas, continua sendo a grande esperança de uma luz que norteie o homem para uma vida melhor, mais criativa, mais plena, mais pacífica... Porque somente no momento em que nos compreendermos poderemos compreender o outro e a natureza (partes de nós mesmos), e viver com eles em perfeita harmonia.

A psicologia, em suma, seja qual for a idéia-mestra que lhe sirva de sustentáculo para suas pesquisas, seja quais forem os seus pressupostos básicos, foi, na verdade, e continua sendo, a tentativa de explorar o deslumbrante mundo interior deste extraordinário ser que ri, chora, ama, odeia, espera, cria e faz história: o homem.

BIBLIOGRAFIA

ALENCAR, Eunice M. L. Soriano de. *Psicologia — Introdução aos princípios do comportamento*. Petrópolis, Vozes, 1978.
ALLPORT, Gordon. *Desenvolvimento da personalidade*. São Paulo, Herder, 1966.
Idem. *Personalidade*. São Paulo, Herder, 1966.
BALDWIN, Alfred. *Teorias de desenvolvimento da criança*. São Paulo, Pioneira, 1973.
BATTRO, A. M. *O pensamento de Jean Piaget*. Rio, Forense, 1976.
CABRAL, Álvaro et al. *Uma breve história da psicologia*. Rio, Zahar, 1972.
CARRAHER, Terezinha Nunes et al. *Aprender pensando*. Petrópolis, Vozes, 1986.
CHEBABI, Wilson de Lira et al. *Psicanálise: prática e clínica*. Petrópolis, Vozes, 1975.
CAMPOS, Dinah Martins de Souza. *Psicologia da aprendizagem*. Petrópolis, Vozes, 1979.
COSNIER, Jacques. *Chaves da Psicologia*. Rio, Zahar, 1976.
ERIKSON, Erik. *Identidade, juventude e crise*. Rio, Zahar, 1972.
Idem. *Infância e sociedade*. Rio, Zahar, 1971.
FADIMAN, James et al. *Teorias da personalidade*. São Paulo, Harbra, 1979.
FROMM, Erich. *O medo à liberdade*. Rio, Zahar, 1967.
Idem. *A arte de amar*. Belo Horizonte, Itatiaia, 1964.
Idem. *Meu encontro com Marx e Freud*. Rio, Zahar, 1965.
Idem. *Psicanálise da sociedade contemporânea*. Rio, Zahar, 1965.

GUEDES, Sulami Pereira. *Educação, pessoa e liberdade.* São Paulo, Cortez & Moraes, 1979.

GUENTHER, Zenita C. et al. *Educação de pessoas.* Belo Horizonte, UCMG-FUMARC, 1980.

HORNEY, Karen. *A personalidade neurótica do nosso tempo.* Rio, Civilização Brasileira, 1967.

Idem. *Nossos conflitos interiores.* Rio, Civilização Brasileira, 1969.

Idem. *Novos rumos da psicanálise.* Rio, Civilização Brasileira, 1966.

HENNEMAN, Richard H. *O que é psicologia.* Rio, Livraria José Olympio Editora, 1974.

JUNG, Carl Gustav. *Psicologia e religião oriental.* Petrópolis, Vozes, 1980.

KELLER, Fred S. et al. *Princípios de psicologia*, São Paulo, EPU, 1973.

KLUCKOHN et al. *Personalidade na natureza, na sociedade e na cultura.* Belo Horizonte, Itatiaia, 1965.

LAZARUS, Richard. *Personalidade e adaptação.* Rio, Zahar, 1966.

LINDZEY et al. *Teorias da personalidade.* São Paulo, Edusp, 1974.

MALPASS et al. *O comportamento humano.* Rio, Renes, 1970.

MOULY, George. *Psicologia educacional.* São Paulo, Pioneira, 1970.

MUELLER, Fernand-Lucien. *História da psicologia.* São Paulo, Companhia Editora Nacional, 1968.

MUSSEN et al. *Desarrollo de la personalidad en el niño.* México, Trillas, 1973.

PEREIRA, Regina de Castro Chagas. *Um lugar entre os vivos.* Petrópolis, Vozes, 1980.

PIAGET, Jean. *A equilibração das estruturas cognitivas.* Rio, Zahar, 1976.

REICH, Wilhelm. *A função do orgasmo.* São Paulo, Brasiliense, 1981.

RUDOLFER, Noemy da Silveira. *Introdução à psicologia educacional.* São Paulo, Companhia Editora Nacional, 1965.

SAWREY, James et al. *Psicologia do ajustamento*. São Paulo, Cultrix, 1974.
PERLS, Frederick. *Gestalt-terapia explicada*. São Paulo, Summus Editorial, 1976.
SILVERMAN, Robert. *Psychology*. Nova York, Appleton-Century-Crofts, 1971.
SKINNER, B. F. *Ciência e comportamento humano*. São Paulo, Edart, 1974.
STAGNER, Ross. *Psicologia de la personalidad*. México, Trillas, 1974.
SHEMBERG, Doherty. *Asking questions about behavior*. Glenview, Scott-Foresman and Co., 1970.
TELES, Maria Luíza Silveira. *Uma introdução à psicologia da educação*. Petrópolis, Vozes, 1988.
TELFORD, Charles W. et al. *Psicologia educacional*. Rio, Ao Livro Técnico, 1973.
WEIL, Pierre. *A consciência cósmica*. Petrópolis, Vozes, 1976.
WOLLHEIM, Richard. *As idéias de Freud*. São Paulo, Cultrix, 1974.

Sobre a autora

Maria Luiza Silveira Teles nasceu em Belo Horizonte, a 4 de maio de 1943. Pedagoga, com pós-graduação em Psicologia e Sociologia, tem dedicado toda a sua vida ao estudo da Psicologia e à Educação. Foi, também, por mais de 20 anos, *free-lancer* de jornalismo e conferencista. Seus livros publicados são: *O que é Psicologia* (coleção Primeiros Passos, Brasiliense), *Uma Introdução à Psicologia, Curso Básico de Sociologia da Educação* (ambos pela Vozes), *As Sete Pontes* (edição independente). Tem ainda participação em: *Antologia da Academia Monteclarense de Letras* (Comunicação), *Poesias de Caderno* (C. G. F. Ed.) e *A Greve das Crianças* (Vozes).

IMPRESSÃO:

Santa Maria - RS - Fone/Fax: (55) 222.3050
www.pallotti.com.br
Com filmes fornecidos.